21 世纪职业教育规划教材

酒店文化

（第二版）

JIUDIAN WENHUA

主　编　俞健宁

副主编　吴　峥　郑昭彦

中国人民大学出版社

·北京·

前　言

酒店文化是一种渗透在企业一切活动之中的、酒店员工共同拥有的价值观、酒店精神、经营哲学等，是企业的灵魂所在。美国管理学家劳伦斯·米勒在《美国企业精神》一书中说道："未来将是全球竞争的时代，这种时代能成功的公司，将是采用新企业文化的公司。"

本书是依靠实训室现有的设施设备、信息技术条件以及教师平时积累的讲义和体验项目，针对职业院校学生的学习情况，同时参考酒店企业文化建设的过程编写的。通过案例分析、讨论、观摩、体验等方式，使学生理解酒店文化创新与经营的过程，从而为学生进行生产实习和专业学习奠定基础。本书深入贯彻党的二十大精神，以习近平总书记关于职业教育和教材工作的指导意见为导向，落实立德树人根本任务，推进习近平新时代中国特色社会主义思想进教材、进课堂、进头脑，全面落实课程思政要求，力求成为培根铸魂、启智增慧、适应时代要求的精品教材。

本书根据高星级酒店运营与管理专业的教学指导方案及培养目标，以"理实一体化"和"全仿真教学"为指导，以酒店文化建设为基础，根据酒店的企业文化渗透从大到小设置了五个学习项目。在项目学习过程中，首先，通过情境导入，对酒店文化历史、酒店环境文化、酒店岗位文化、酒店产品文化等一一介绍；然后，采用"五阶段教学法"，通过情境回顾（知识预备）→教学内容（知识情境）→体验见习（知识链接）→总结考核（任务评价）→课后拓展（拓展与练习），将每一个工作环节的理论与实践较好地结合在一起。在此基础上，通过系统的归纳，寻找具有自身教学特点的研究思路与方法。

本书由宁波行知中等职业学校联合浙江旅游职业学院及慈溪市杭州湾大酒店、白金汉爵大酒店组织编写，浙江旅游职业学院的老师负责统稿。本书的编写分工为：俞健宁（宁波行知中等职业学校）编写项目一和项目五，郑昭彦（浙江旅游职业学院）编写项目二和项目三，吴峥（浙江旅游职业学院）编写项目四。其他参与本书编写论证的人员有龚雪丹（慈溪市杭州湾大酒店）、陈月峨（白金汉爵大酒店）。此外，本书由浙江旅游职业学院的沈建龙老师担任主审，并获得国际金钥匙学院的大力支持，在此次修订时新加入了中国服务和金钥匙服务概念，使得本书在内容上更加充实。本书的编写工作还得到了各位编者所在单位及家人的大力支持，在此一并表示诚挚的感谢！

由于编者水平有限，书中难免存在疏漏与不妥之处，恳请广大读者批评指正，可以将您的意见与建议发 E-mail 至 17072176@qq. com。

编者

目　录

项目一　悠久传奇的发展史

学习目标

◎ 掌握现代酒店的起源，世界上最早的和中国最早的酒店形态
◎ 了解国外、国内、省内、本地“有故事”的酒店（百年老店）
◎ 掌握酒店的分类
◎ 了解现代酒店业的发展趋势
◎ 了解国内最佳酒店集团及其 LOGO
◎ 熟悉本地高星级酒店与酒店业发展状况

任务一　穿越——欣览酒店的历史演变

【情境导入】

穿越——日有所思、夜有所梦，热播剧《神话》的播出，让小明梦到自己跟胡歌一起穿越到了2 000多年前的大秦帝国都城咸阳，饥寒交迫的他们一脸茫然，怎么办？当然先去找家酒店！

他们由于没有“身份证”，无法入住普通的“逆旅”（古代旅店），还差点送命（见图1-1）。幸好由于两人形象过于怪异，被丞相发现惊为“异人”，特招募入住“邸”（高级官办食宿场所），等待皇帝召见。

图1-1　《神话》剧照

且看他们入住的“豪间”：典型的“一堂两内”的格局（见图1-2），没有卫生间，没有沙发或椅子（秦汉时期就餐与办公均采用跪式），但已是当时很高级的房间了，小明的神话“梦”故事开始了……

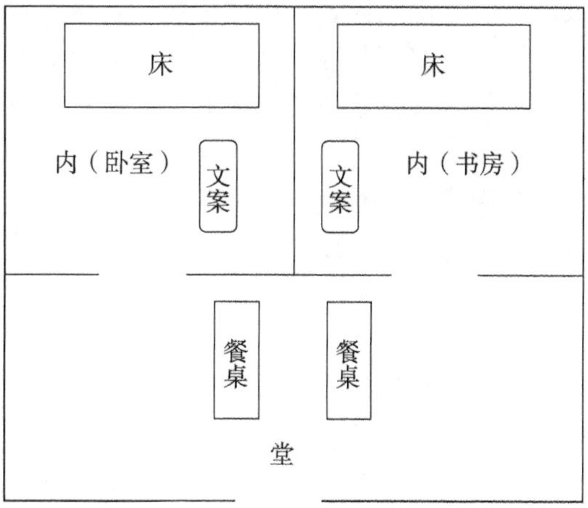

图1-2　一堂两内的“豪间”简易图

【知识预备】

一、饭店的含义

（一）百度网站给出的词条解释

1. 字面解释

饭店（汉语读音：fàndiàn，英文名称：Hotel，Restaurant），一般有两种解释：

（1）多数汉语词典之类的工具书解释为规模较大、内部设施优良、能提供食宿的场所，类似的名称有宾馆、酒店等。

（2）仅提供饮食的场所，类似名称有酒楼、餐馆等。

本书主要解释和阐述的是第一种含义。

2. 基本解释

（1）Hotel：设备好的大旅馆。

（2）Restaurant：饭馆。

3. 详细解释

（1）饭铺；饭馆。《水浒传》第四十三回：“（李逵）走到巳牌时分，看看肚里又饥又渴，四下里都是山径小路，不见有一个酒店、饭店。”《二十年目睹之怪现状》第二十四回：“因为我所有的就是这一笔银子，我若不领出来，客店、饭店里欠下的钱没得还。”艾青《街》：“豆腐店改为饭店、杂货铺变成旅馆。”

（2）客栈；旅馆。《儒林外史》第十七回：“那日没有便船，只得到饭店权宿。”冰心《我们太太的客厅》：“行李一搁在饭店里，便到处的找你。”今多指较大而设备好的旅馆。巴金《中国人》：“我们中国作家代表团在巴黎新安江饭店和当地侨胞会见。”

（二）国际标准定义

饭店（Hotel）一词起源于法语，原意是指法国贵族在乡下招待贵宾的别墅。目前，饭店的含义已经发生深刻的变化。

《利尔百科全书》：饭店一般地说是为公众提供住宿、膳食和服务的建筑与机构。

《大不列颠百科全书》：饭店是在商业性的基础上向公众提供住宿和膳食的建筑物。

《美利坚百科全书》：饭店是装备完好的公共住宿设施，它一般都提供膳食、酒类以及其他服务。

《牛津插图英语辞典》：饭店是提供住宿、膳食等而收费的住所。

从上述的定义可以看出，作为饭店必须同时具备以下四个条件：

（1）它是由建筑物及装备完好的设施组成的接待场所。

（2）它必须提供住宿、餐饮及其他服务。

（3）它的服务对象是公众，主要是外地旅游者，同时也包括本地居民，既包括某些特殊身份或阶层的人，也包括广大的普通消费者。

（4）它是商业性的服务企业，以营利为目的，所以其使用者一定要支付一定的费用。

二、中国古代的“逆旅”与住宿制度

古人对旅途中提供休憩食宿的处所泛称为“逆旅”。西周时期，投宿逆旅的人皆是当时的政界要人，逆旅补充了官办“馆舍”之不足。到了战国时期，中国古代的商品经济进入了一个突飞猛进的发展时期，工商业越来越发达，进行远程贸易的商人也越来越多。一些位于交通运输要道和商贸聚散枢纽的城邑，逐渐发展为繁盛的商业中心，于是，民间旅店在发达的商业和交通的推动下，进一步发展为遍布全国的大规模的旅店业。

远在战国时期，旅客住店就要按照政府颁布的住宿制度办理住宿手续。商鞅变法中有关旅店接待客人要查验旅行凭证，否则店主连坐的律令，是中国最早的旅店住宿制度。在坚持查验旅客旅行凭证的同时，还实行住宿登记制度。到元代时，客来登记、客走销簿的住宿制度在全国各地已普遍实施。

【知识情境】

一、历史长河中的酒店形态

（一）最早的古代酒店——古代客栈时期

客栈是随着商品生产和商品交换的发展而逐步发展起来的。最早期的客栈可以追溯到人类原始社会末期和奴隶社会初期，是为适应古代国家的外交往来、宗教和商业旅行、帝王和贵族巡游等活动的要求而产生的。在西方，客栈作为一种住宿设施虽然早已存在，但真正流行却是在15—18世纪。当时，欧洲许多国家如法国、瑞士、意大利和奥地利等国的客栈已相当普遍，其中以英国的客栈最为著名。

1. 中国古代驿站

中国是四大文明古国之一，也是最早出现古代酒店的国家之一。据历史记载，中国最古老的一种官方住宿设施是驿站。在古代，只有简陋的通信工具，统治者政令的下达、各级政府间公文的传递，以及各地区之间的书信往来等，只能靠专门的人递送。历代政府为了有效地实施统治，必须保持信息畅通，因此一直沿袭了这种驿传制度，与这种制度相适应的为信使提供住宿的设施应运而生，这便是闻名于世的中国古代驿站（见图1-3）。从商代中期到清光绪二十二年（1896）止，驿站长存三千余年，是中国最古老的旅馆。

为防止发生意外，历代政府均明文规定：过往人员到驿站投宿，必须持有官方旅行凭证。战国时，“节”是投宿驿站的官方旅行凭证。汉代，“木牍”和“符券”是旅行往来的信物。至唐代，“节”和“符券”被“过所”和“驿券”取而代之。在出示旅行凭证的同时，驿站管理人员还要执行簿记制度，相当于后世的“宾客登记”制度。

我国古代的驿站制度曾先后被很多国家所效仿，并受到外国旅行家的赞扬。中世纪世界著名旅行家、摩洛哥人伊本·拔图塔在他的游记中写道：中国的驿站制度好极了，只要携带证明，沿路都有住宿之处，且有士卒保护，既方便又安全。江苏高邮盂城驿就是这样一座驿站（见图1-4），它是我国现存规模最大、保存最完好的一座古驿站。

图 1-3　古代驿站 3D 模型

图 1-4　江苏高邮盂城驿

知识链接

从文化变迁的角度来看，古人文章中曾写到过对驿站设施的破坏。从这里可以看到人性的弱点、体制的缺陷。

唐代名作家孙樵那篇传诵至今的《书褒城驿壁》，写到那个号称天下第一的褒城驿，可能是当时最大的驿站，刚修筑的时候是无比的豪华壮丽，不久之后就变得陈旧破败，台阶荒芜，堂房残破，污水横流……来来往往的公务员（各种使节）络绎不绝，到这里要吃要喝，驿站管理者疲于应付，结果就变成这副模样。原本是公务员投宿、换马的重要场所，居然破败得比规模大一些的私人旅馆差多了，这是当时吏治腐败的必然。古代这类场所，没有市场经济那只看不见的手在调控，没有不走上这条末路的，如河北怀来鸡鸣驿（见图 1-5）。

图 1-5 河北怀来鸡鸣驿

2. 西方客栈

相传欧洲最初的旅途食宿设施始于古罗马时期，被称为客栈。中世纪后期，随着商业的发展，旅行和贸易兴起，外出的传教士、信徒、外交官吏、信使、商人等激增，对客栈的需求量大增。当时的交通方式主要是步行、骑马或乘坐驿车，因此，客栈大多设在古道边、车马道路边或是驿站附近。早期的英国客栈是人们聚会并相互交往、交流信息和落脚歇息的地方。最早的客栈设施简陋，仅提供基本食宿，无非是一幢大房子，内有几间房间，每个房间里摆一些床，旅客们往往挤在一起睡，并没有更多的要求，当然，由于服务项目少，服务质量差，也确实没有什么可供消遣的。

到了 15 世纪，有些客栈已拥有 20～30 间客房，有些比较好的客栈还设有酒窖、食品室、厨房，为客人提供酒水和食品。还有一些客栈已开始注意周围环境状况，如房屋前后辟有花园和草坪，客栈内有宴会厅和舞厅等，开始向多功能发展。总的来看，当时的客栈业声誉差，被认为是赖以糊口谋生的低级行业。客人在客栈内缺乏安全感，诸如抢劫之类的不法事情时有发生。

客栈的特点：一般规模都很小，建筑简单，设备简易，价格低廉；仅提供简单食宿、休息场所或车马等交通工具，无其他服务；以官办为主，民间经营的小客栈较少。

后来，随着社会的发展，旅游活动的增加，客栈的规模也日益扩大，种类不断增多，新的酒店形态开始产生。

知识链接

日本石川县粟津温泉的法师旅馆（见图 1-6）创办于718年，距今1 300多年，被称为“世界上最古老的旅馆”。旅馆的主人以世袭制代代相传，由长子继承家业，到今天法师善五郎已是第46代了。旅馆的仆人以世袭制代代相传，由少女承继家业。法师旅馆吸引了世界各地的游客。

图 1-6　日本法师旅馆

（二）最早的现代酒店——豪华饭店时期

18 世纪后期，随着资本主义经济和旅游业的产生和发展，旅游开始成为一种经济活动，专为上层统治阶级服务的豪华饭店应运而生。如在欧洲出现了许多以“饭店”命名的住宿设施。这类饭店无论是豪华的建筑外形，还是高雅的内部装修；无论是奢华的设备、精美的餐具，还是服务和用餐的各种规定形式，都是王公贵族生活方式商业化的结果。饭店与其说是向旅游者提供食宿，不如说是向他们提供奢侈的享受。所以人们称这段时期为豪华饭店时期（又叫大饭店时期）。

1. 欧洲大饭店

一般认为，欧洲第一个真正可称为饭店的住宿设施是建在德国巴登镇（见图 1-7）的巴典国别墅。随后，欧洲许多国家大兴土木，争相修造豪华饭店。当时颇有代表性的饭店有 1850 年在巴黎建成的巴黎大饭店，1874 年在柏林开业的恺撒大饭店，1876 年在法兰克福开业的法兰克福大饭店，1889 年在伦敦开业的萨沃伊饭店（见图 1-8）等。

图 1-7　德国巴登镇

图 1-8　萨沃伊饭店

2. 美国豪华饭店

在纽约，1794 年建成的首都饭店有 73 套客房，这在当时无疑是颇具规模的。而堪称第一座现代化饭店的特里蒙特饭店于 1829 年在波士顿落成，为整个新兴的饭店行业确立了标准。该饭店不仅客房多，而且设施设备较为齐全，是第一座建有前厅并把钥匙留给客人、第一个设有门厅服务员、第一个把客房分为单人间和双人间、第一个使用菜单的饭店。其服务人员均经过培训，客人有安全感。

19 世纪末 20 世纪初，美国出现了一些豪华饭店。这些饭店崇尚豪华和气派，布置高档的家具摆设，供应精美的食物。

知识链接

中国古代迎宾馆

如果以大饭店时期的饭店特点为标准，则中国早在春秋战国时期就有了迎宾馆（见图 1－9），如春秋时期的“诸侯馆”和战国时期的“传舍”，而且后世几乎历代都建有不同规模的迎宾馆，并冠以各种不同的称谓。清末时，此类馆舍正式得名“迎宾馆”。我国早期的迎宾馆在宾客的接待规格上，是以来宾的地位和官阶的高低及贡物数量的多少区分的。为了便于主宾对话，迎宾馆里有道事（翻译），为了料理好宾客的食宿生活，迎宾馆里有厨师和服务人员。此外，迎宾馆还有华丽的卧榻以及其他用具和设备。宾客到达建于都城的迎宾馆之前，为便于热情接待，在宾客赴都城的途中各地均设有地方馆舍，以供歇息。宾客到达迎宾馆后，会受到隆重接待。如使团抵达时，还会受到有关官员和士兵的列队欢迎。为了尊重宾客的风俗习惯，使他们生活愉快，迎宾馆在馆舍的建制上还实行一国一馆的制度。

中国的迎宾馆是当时国内外政治、经济、文化交流中不可缺少的官方接待设施，它为国内外使者和商人提供了精美的饮食和优良的住宿设备（见图 1－10）。迎宾馆的接待人员遵从当时政府的指令，对各路使者待之以礼，服务殷勤，使他们感到在中国迎宾馆生活得舒适而愉快。翻译是迎宾馆的重要工作人员，我国早期宾馆的这种设置，培养了一代又一代精通各种语言文字的翻译，留下了一本又一本的翻译书籍，丰富了中国古代文化史。

图 1－9 古代迎宾馆大堂模拟图

图 1－10 迎宾馆房间内设施

知识链接

世界豪华饭店之父

卡尔顿公司的创始人恺撒·里兹（见图 1-11）被称为世界豪华饭店之父。他于 1898 年与享有“厨师之王，王之厨师”美誉的奥古斯特（August）——一起创立了巴黎里兹饭店，开创了豪华饭店经营之先河，其豪华的设施、精致而正宗的法餐，以及优雅的上流社会服务方式，将整个欧洲带入一个新的饭店发展时期。随后于 1902 年在法国创立了里兹-卡尔顿（Ritz - Carlton，该品牌现通译为丽思·卡尔顿酒店）饭店管理公司，由它负责里兹饭店特许经营权的销售业务，后被美国人购买。与其他国际性饭店管理公司相比，里兹-卡尔顿饭店管理公司虽然规模不大，但是它管理的饭店却以最完美的服务、最奢华的设施、最精美的饮食与最高档的价格成为饭店之中的精品。

图 1-11　恺撒·里兹

1850 年 2 月 23 日，恺撒·里兹先生出生于瑞士南部尼得瓦尔德小村庄的一户贫穷农民家里，十五岁的时候，他到布里格的一家酒店做配酒服务生，已逐渐展现出对酒店业的喜爱。后来，他离开瑞士去巴黎寻找自己的未来。要想在酒店行业立足，就要从最基层的酒店职位做起。于是 1869—1872 年，里兹在有名的沃依辛饭店做服务员等工作。这段时间里，里兹刻苦学习与研究。在巴黎的几年里，里兹从一个服务生、总勤杂工，变成一个总管家、酒店经理。

1873 年维也纳国际博览会时，里兹担任了当时尼斯的卢塞恩国家大酒店的经理，他辉煌的酒店管理职业生涯就此展开。1878—1888 年，他担任卢塞恩国家大酒店的总经理，同时也在摩纳哥国家大酒店担任同样的职位。作为奢华酒店发展的首创者，他知道如何吸引富有的顾客，他独到的品位和优雅也很快地为他获得了良好的声誉。他首次提出“客人永远不会错”的观点，他的准则是：“不看而观万物；不听而听万物。谦卑积极而不显奴性，积极争取而不放肆。如果一个用餐者抱怨一道菜或葡萄酒，立即撤掉并换上新的，没有质疑可提。”这都是酒店业至今仍奉行的金科玉律。

在 1898 年，里兹在巴黎旺多姆广场建立了著名的里兹酒店（见图 1-12）。1906 年他在伦敦开了第二家里兹酒店，随后该酒店成为那个时代最受富人和名人欢迎的聚会场所。1910 年在马德里开张的里兹马德里酒店的灵感，正是来自阿方索十三世国王希望建立一个能与巴黎里兹酒店相抗衡的豪华酒店。

1918 年 10 月 26 日，恺撒·里兹在瑞士屈斯纳赫特去世。1986 年，恺撒·里兹家族基金会授权瑞士当时一所优秀的酒店管理学校以恺撒·里兹的名义，向世界传授恺撒·里兹先生首创的特色服务战略和现代奢华酒店管理思想，培养未来的行业专家和领导人才，而这所学校正是今天的瑞士恺撒·里兹酒店管理大学的前身。尽管恺撒·里兹出生在瑞士一个卑微的家庭，但他本人和他的豪华酒店却成为传奇。

图 1-12　巴黎里兹酒店

3. 中国近代西式饭店

西式饭店是 19 世纪 40 年代外国资本侵入中国后兴建和经营的饭店的统称。这类饭店在建筑式样和风格、设备设施、饭店内部装修、经营方式、服务对象等方面都与中国的传统客栈不同，是中国近代饭店业中的外来成分。

1840 年第一次鸦片战争以后，随着《南京条约》《望厦条约》等一系列不平等条约的签订，西方列强纷纷侵入中国，设立租界地、划分势力范围，并在租界地和势力范围兴办银行、邮政、铁路和各种工矿企业，从而导致了西式饭店的出现，如上海礼查饭店（见图 1-13）。至 1939 年，在北京、上海、广州等 23 个城市中，已有外国资本建造和经营的西式饭店近 80 家。处于发展时期的欧美大饭店和商业旅馆的经营方式，也于同一时期即 19 世纪中叶至 20 世纪初被引进中国。

与中国当时传统的饭店相比，这些西式饭店规模宏大，装饰华丽，设备趋向豪华和舒适，内部有客房、餐厅、酒吧、舞厅、球房、理发室、会客室、小卖部、电梯等设施，客房内有电灯、电话、暖气，卫生间有冷热水等。西式饭店的经理人员皆来自英、美、法、德等国，有不少在本国受过旅馆专业的高等教育。

图 1 - 13　中国第一家西式酒店——上海礼查饭店（建于 1846 年）

客房分等经营，按质论价，是这些西式饭店客房经营的一大特色，其中又有美式和欧式之别。西式饭店向客人提供的饮食均是西餐，大致有法国菜、德国菜、英美菜、俄国菜等。饭店的餐厅除了向本店宾客供应饮食外，还对外供应各式西餐、承办西式筵席。西式饭店的服务日趋讲究礼貌、规范化、标准化。西式饭店是西方列强侵入中国的产物，为其政治、经济、文化侵略服务。但在另一方面，西式饭店的出现客观上对中国近代饭店业起了首开风气的效应，对中国近代饭店业的发展起到了一定的促进作用。

知识链接

中西结合式饭店

西式饭店的大量出现，刺激了中国民族资本向饭店业投资。各地相继出现了一大批具有“半中半西”风格的新式饭店，如上海长发栈（见图 1 - 14）。这些饭店在建筑式样、设备、服务项目和经营方式上都受到西式饭店的影响，一改传统的中国饭店大多是庭院式或园林式并且以平房建筑居多的风格特点，多为楼房建筑，有的纯粹是西式建筑。中西结合式饭店不仅在建筑上趋于西化，而且在设备设施、服务项目、经营体制和经营方式上亦受到西式饭店的影响。饭店内高级套间、卫生间、电灯、电话等现代设备，餐厅、舞厅、高档菜肴等应有尽有。饮食上除了提供中餐，还以供应西餐为时尚。这类饭店的经营者和股东，多是银行、铁路、旅馆等企业的联营者。中西结合式饭店的出现和仿效经营，是西式饭店对近代中国饭店业产生影响的一个重要体现，并与中国饭店传统的经营方式形成鲜明对照。从此，输入近代中国的欧美式饭店业的经营观念和方法逐渐与中国传统饭店业相融合，成为中国近代饭店业中引人注目的成分。

图 1-14　中国较早的中西结合式饭店——上海长发栈（19 世纪 90 年代）

大饭店的特点：规模宏大，建筑与设施豪华，装饰讲究；供应最精美的食物，布置最高档的家具摆设，许多豪华饭店还成为世界建筑艺术的珍品；饭店内部分工协作明确，对服务工作和服务人员的要求十分严格，讲究服务质量；饭店内部出现了专门管理机构，促进了饭店管理及其理论的发展。豪华饭店是新的富裕阶级生活方式和社交活动商业化的结果。

由于豪华饭店投资成本高，价格昂贵，而且不计盈利、只供贵族，逐渐不能满足大众化需求，因此在市场经济下豪华饭店并不能成为主流饭店。

（三）最早的大众酒店——商业饭店时期

20 世纪初，当时世界上最大的饭店业主 E. M. 斯塔特勒为适应旅行者的需要，于 1908 年在美国布法罗建立了世界上第一家商业饭店——斯塔特勒饭店。斯塔特勒饭店的每套客房都设有浴室，并制定统一的标准来管理在各地开设的饭店，还增加了不少方便客人的服务项目。

20 世纪 20 年代，饭店业得到了迅速发展，美国的大中小城市纷纷通过各种途径集资兴建现代饭店，而且汽车饭店也在美国各地涌现。到 20 世纪 30 年代，由于经济大萧条，旅游业面临危机，饭店业亦不可避免地陷入困境。在兴旺时期开业的饭店，几乎尽数倒闭，饭店业受到极大挫折。

商业饭店时期，汽车、火车、飞机等的发展给交通带来很大便利，许多饭店都设在城市中心。这一时期的饭店，设施方便、舒适、清洁、安全，服务虽仍较为简单，但已日渐健全，经营方向开始以客人为中心，价格也趋向合理。

商业饭店时期是世界各国饭店最为活跃的时代，是饭店业发展的重要阶段。它使饭店业最终成为以一般平民为服务对象的产业，从各个方面奠定了现代饭店业的基础。

知识链接

世界饭店业标准化之父

1917年，美国饭店业的行业报刊《饭店世界》(*Hotel World*) 发表了亨利·波恩的文章，指出："斯塔特勒是美国饭店业标准化之父"。这意味着他也是世界饭店业标准化之父。

图1-15 E. M. 斯塔特勒

E. M. 斯塔特勒（见图1-15）出身贫寒，但凭着他与生俱来的经营意识，在酒店业取得了极大成就。从13岁做礼宾部服务员时起，他就对酒店经营的每个方面都产生了强烈的好奇心，他向酒店各部门的员工——从管家到工程部员工和记账员——请教，尽可能地了解情况，这种好奇心和执着使他担负了更大的责任，如他说服店主在酒店设置了美国第一个铁路订票柜台。

1901年，他拥有了一家临时酒店，那是为设于纽约布法罗的泛美会展而建的。虽然会展本身在商业上是失败的，但斯塔特勒投的那部分钱却赚得了一小笔利润。他用这笔钱建起另一处临时酒店，为1904年圣路易斯展览会服务，那是一次成功的展览会。这次赚得的钱使他得以于1908年在布法罗建起了自己的第一个永久性酒店。创新和方便顾客的做法确保了斯塔特勒的成功。1908年，他推出领先的酒店标准，推动了酒店业的革命。在布法罗的斯塔特勒酒店（Buffalo Staffer），每间客房都设有私人浴室、壁橱、电话和门旁电灯开关，24小时供应热水。对客房采取的新举措包括在每个床前设台灯和配文具的写字桌。后来，他在克利夫兰、底特律、波士顿、圣路易斯拥有多家酒店（见图1-16）。在纽约市，他则建起了当时最大的、拥有2 002间客房的宾夕法尼亚酒店（Pennsylvania Hotel）。

图1-16 斯塔特勒饭店（美国波士顿）

斯塔特勒的经营哲学颇为独特——“人生即服务”。说到做到，他为消费者提供了尽可能多一点、好一点的服务。他首次对酒店员工实行一周六个工作日，给他们带薪假期和免费医疗服务，他又设计了利润共享计划，使每位员工都可自由持股。

对他而言，“客人永远是对的！”，酒店也只出售一种商品，那就是服务。

商业饭店的基本特点：第一，商业饭店的服务对象是一般的平民，以接待商务客人为主，规模较大，设施完善，服务项目齐全，讲求舒适、清洁、安全和实用，不追求豪华与奢侈；第二，实行低价格政策，使顾客感到收费合理；第三，饭店经营者与拥有者逐渐分离，饭店经营活动完全商品化，讲究经济效益，以营利为目的；第四，饭店管理逐步科学化和效率化，注重市场调研和市场目标选择，注意训练员工和提高工作效率。

（四）最早的汽车旅馆——现代新型饭店时期

第二次世界大战结束后，由于经济繁荣，人们手里有钱，交通工具十分便利，从而引起了对饭店需求的剧增，一度处于困境的饭店业又开始复苏。特别是 1950 年后开始出现世界范围的经济发展和人口增长，而工业化的进一步发展增加了人民大众的可支配收入，为外出旅游和享受饭店、餐馆服务创造了条件。至 20 世纪 50 年代末 60 年代初，旅游业和商务的发展趋势对传统饭店越来越不利，新型饭店大批出现。现代新型饭店时期，饭店面向大众旅游市场，许多饭店设在城市中心和旅游胜地，大型汽车饭店设在公路边和机场附近。

1. 美国汽车旅馆（Motel）

1923 年，美国加利福尼亚州一位名叫哈利·埃利奥特的商人因生意繁忙经常驱车行驶在圣迭戈至旧金山之间的国家公路上。一次他看着道路上行驶着的旅行汽车，突发奇想：这些汽车中的旅客有很多是长途旅行的，而沿途中旅客却没有停车休息的地方，能不能建一个供驾车旅客休息的汽车旅馆呢？带着这个想法，埃利奥特拜访了建筑设计师阿萨·海因曼，请他设计一幢汽车旅客客栈。1924 年春，由阿萨·海因曼设计的西班牙古典样式的汽车旅客客栈开始动工。1925 年冬，客栈在奥比斯竣工并挂牌营业，吸引了不少路过的汽车驾驶员和游客来此投宿，这便是世界上最早的汽车旅馆。由于汽车旅馆设在交通流量大的黄金地段，每天来此投宿的汽车有几十辆，给埃利奥特带来了可观的营业收入。

1939 年，美国佛罗里达几家汽车旅馆自发成立了行业联合组织——品质庭院（Quality Courts），并于次年改名为品质庭院联合酒店（Quality Courts United），为单体汽车旅馆业主提供行业服务。第二次世界大战后，美国经济的繁荣带动了大众旅游的发展，引发了对中低档住宿设施的大量需求；城际高速公路网络的建成也进一步促进了汽车旅馆的风行。20 世纪 90 年代后成立的汽车旅馆在吸取了过去汽车旅馆发展经验的基础上改善了服务质量，并且第一次尝试采取标准化方式复制产品和服务，在短短的十年时间里沿着美国的公路网络迅速发展（见图 1－17）。

2. 美国假日酒店（Holiday Inn）

世界上第一家假日酒店是由凯蒙斯·威尔逊（见图 1－18）于 1952 年在他的家乡美国田纳西州的孟菲斯创建的。假日酒店定位于中等价格、高标准服务，很快就吸引了占当地市场总量 65％的中等价格市场的客人。不到 20 年，假日酒店（见图 1－19）开到了 1 000

图 1－17　美国早期的汽车旅馆（Motel）

家，遍布全美国高速公路可以通达的每个地方，并走向全世界，假日酒店集团也因此成为世界上第一家达到 10 亿美元规模的酒店集团。

图 1－18　凯蒙斯·威尔逊

图 1－19　美国假日酒店

假日酒店成功的因素：

（1）引入特许加盟机制。让投资者购买假日酒店的品牌使用权，由他们自行兴建及经营酒店。这一决定使凯蒙斯·威尔逊成为世界酒店业引入特许经营机制进行扩张的先驱。

（2）紧随国家经济发展方向进行酒店扩张。美国的州际高速公路系统当时正向全国伸展。假日酒店以中等价格的定位，周到、温馨、舒适的服务和独特的特许经营方式，很快成为第二次世界大战后美国最有吸引力的酒店。当美国的州际高速公路建设接近尾声时，假日酒店集团已开始向机场附近、市区中心地带、近郊写字楼区发展了。

（3）持续创新。创新始自第一家假日酒店：在每间客房装上电话、电视及空调，免费提供停车场，12 岁以下的儿童免费与父母同住，以及在酒店内开设餐厅、游泳池，提供会议设施。假日酒店凭借这些创新在当时的美国很快就站住了脚。

假日酒店首家采用电脑联网预订系统——Holidex，客人可以通过电脑预订任何一家假日酒店，这种系统也很快在其他酒店启动，并一直沿用至今。

假日酒店在20世纪70年代的创新当首推对方付费800电话的发明。假日酒店在电话局买下了1－800－Holiday Inn的特别号码，凡是拨打这个号码的电话，都由假日酒店统一付费，如今，800免费电话已在全世界范围内广泛使用，甚至成为能否向客户提供周到服务的一个标准。

率先采用佣金集中付款系统、LANmark综合酒店电脑管理系统以及提供国际互联网预订；创建带有玻璃天顶的Holidome室内娱乐中心、E-ZONE电子游戏厅以及设立儿童套房等，都是假日酒店在服务设施完善方面的创新。创新给假日酒店带来了极高的行业地位和良好的社会声誉。

（4）开办假日大学。对加盟假日酒店的经营者及员工进行全面培训，这种做法使得特许酒店能够与假日酒店在各方面保持统一。

20世纪70年代末期，假日品牌开始走下坡路。1990年假日酒店集团被英国BASS集团收购，成为世界上第二大酒店集团的重要组成部分。

知识链接

假日酒店的由来

美国田纳西州的生意人凯蒙斯·威尔逊先生非常重视家庭，一个能让家人在旅游时住上满意的酒店的朴素愿望最终使他成为当时世界上最有影响力的酒店集团的创始人。有人说他的成功“一半源自大脑，一半源自幸运”，看来这幸运是出自他对妻儿的热爱。

威尔逊有5个孩子，和大多数美国人一样，一有空闲，他就开着车，带上全家人外出旅行。但是在旅行途中，威尔逊先生有太多的不如意，最令他不能忍受的是：劳顿了一整天，全家人却很难找到舒适的旅馆歇脚。不是太脏了，就是太贵了，要么就是没有餐厅，或是要多收孩子的房费。那时的美国，许多汽车旅馆不鼓励举家入住，对带着孩子的夫妇还要加收床位费。汽车旅馆又脏又简陋，收费还很高，威尔逊实在忍受不下去了，身为商人的他下定了决心，“我做个样子给你们看看”。

威尔逊先生从自己的亲身体验出发，设计了假日酒店的定位：营造一个供人相聚，使人放松，令人向往，可以实现梦想的地方。首先要让客人有到家的感觉，酒店外有停车场，酒店内有餐厅、游泳池，房间里有冰箱、空调和电话，最重要的是：儿童可以免费入住，而且房间里的床特别宽（至今也是如此），多睡上一两个小孩子根本没问题。就这样世界上第一家假日酒店就在1952年诞生了。

3. 新中国第一家中外合资酒店

20世纪70年代末，中国进入了自中华人民共和国成立以来最具有历史意义的变革时代，这种变革促进了中国现代旅游业的崛起。海外旅游者来华旅游要求之强烈和来华旅游人数增加速度之快，是始料未及的。当时除了航空、铁路运力紧张之外，饭店住房紧张表现得更加突出，成为旅游业发展的“瓶颈”。

作为我国改革开放的总设计师，邓小平同志为我国旅游业的发展指明了方向。1979

年 5 月国务院召开会议，研究国家投资和利用侨资、外资建造饭店的问题。会议决定批准在北京、上海、广州、南京利用侨资、外资建造旅游饭店 6 座。同年 6 月，国务院批准了关于利用外资 2 000 多万美元建设北京建国饭店的请示报告。北京建国饭店成为我国第一家利用外资合作建造的现代化饭店。

1980 年 6 月北京建国饭店破土动工（见图 1 - 20），1982 年 4 月竣工，比原定计划提前了两个月建成，总投资 2 229.3 万美元。饭店建筑面积 32 065 平方米，建成之初共有房间 467 套（间），房间设置温馨舒适，整个饭店内部装饰了亭台水榭，绿树成荫，融中国传统之美与现代典雅风格于一体（见图 1 - 21）。英国路透社报道："中国第一家真正西方式的旅馆在北京开张，为这个单调多风沙的城市带来必要的魅力。"

图 1 - 20　北京建国饭店开工典礼

图 1 - 21　建成后的北京建国饭店

更值得一提的是，作为改革开放的先行者，北京建国饭店开业 26 年（截至 2008 年）来不仅取得了良好的经济效益，同时也取得了良好的社会效益。26 年间，建国饭店 28 次获得"国际金酒店奖""国际质量金奖"等国际大奖，获国家级和北京市的奖励上百次。北京建国饭店还是一所人才学校，不断培养、造就、输出了饭店各类优秀人才，26 年来为社会输送人才相当于北京建国饭店编制人员的 3 倍以上，为中国酒店业做出了积极的贡献。

知识链接

新中国第一批合资酒店面世的经历

1978 年 12 月，党的十一届三中全会决定将旅游饭店列为首批对外开放、利用外资的行业之一，成立了由国务院副总理谷牧、陈慕华和国务院侨务办公室主任、全国人民代表大会常务委员会副委员长廖承志等组成的利用侨资、外资建设饭店的领导小组，下辖利用侨资、外资建设饭店办公室，地址设在国家旅游总局。

廖承志邀请了一批著名香港商人到北京访问，其中包括利铭泽、霍英东、李嘉诚、冯景禧、胡应湘和彭国珍。廖承志希望这些香港大亨为中国旅游部门的一个计划慷慨解囊——在中国的几个大城市如北京、上海、广州和南京等建立 6 家大的中外合资酒店。

霍英东也看好内地经济腾飞的前景，决定"试水"广州，建设五星级宾馆，成为首个响应改革开放的香港企业家。当时国内并没有合资建酒店的先例，也没有任何经验可以借鉴，项目报告起草了，却遇到找不到部门审批的问题，最后还是叶剑英元帅发了话："广东省你们自己担起来吧"，这才确定下来。尽管如此，在那个计划经济的年头里，该项目还是以不可思议的速度进行着。

1979 年 4 月 5 日，白天鹅项目得到来自国家最高决策层的批复，这份《国务院利用侨资外资筹建旅游饭店领导小组办公室关于霍英东在穗建造旅游饭店的请示报告》兑现了人们迫切的期待。4 月 10 日，霍英东和广州市旅游局签署正式合作协议，协议约定，双方共同投资 2 亿港元，在广州沙面建设一幢高达 34 层的宾馆，酒店的名字，在叶剑英的建议下，定为"白天鹅"。7 月，霍英东开始在沙面填江造地，11 月，白天鹅宾馆开始全面施工。

与此相比，在首都北京建造合资饭店的获批显得倍加艰难。

1979 年 4 月 21 日，国家旅游总局与陈宣远集团签订了建国饭店合资协议书：合资建设一家中等规模、中等档次的饭店。然而，当年 6 月份，《关于美籍建筑师陈宣远在北京合作建造和经营旅游饭店的请示报告》提交到国务院的时候，该项目遭到了多方反对，意见无法统一，谷牧提议矛盾上交，报告送中央高层决定。于是，6 月 16 日，在这样一份建不建一个饭店的报告上，就有了多位高层领导批示或画圈。邓小平态度鲜明地表示支持，陈云、李先念也都画了圈，最后时任党中央主席兼国务院总理的华国锋拍板：建合资饭店我们没有经验，但可以试一试。成功了可以推广，不成功就这一个！

同年 10 月 26 日，国家旅游总局和美国伊顿发展有限公司正式签订合同，决定共同投资在北京建造一座具有国际一流水平的高档旅游饭店，即北京长城饭店，并很快获国家计委批准立项。

1980 年 6 月 27 日，北京建国饭店破土动工兴建；1981 年 3 月 10 日，长城饭店正式开工建设；1982 年 10 月 16 日，白天鹅宾馆（见图 1-22）试开业，边施工边营业，创国内首例；1983 年 12 月 10 日，长城饭店（见图 1-23）试营业。

图 1-22 广州白天鹅宾馆

图 1-23 北京长城饭店

与这几个饭店同时或稍后，北京的香山饭店，上海的华亭宾馆、虹桥宾馆，广州的中国大酒店、花园酒店，南京的金陵饭店等都陆续建成，展现了中国打破封闭向世界开放的面貌。

现代新型饭店时期的特点：饭店的规模不断扩大，类型多样化，开发了各种类型的住宿设施；服务向综合性发展，饭店不但提供食、住，而且提供旅游、通信、商务、康乐、购物等多种服务，力求尽善尽美；饭店集团占据的市场越来越大。

二、“有故事”的百年老店

（一）欧美的百年老店

1. 法国比亚里茨的皇宫酒店

坐落于法国西南部海滨名城比亚里茨的皇宫酒店（见图 1－24）承载着法国甚至是欧洲的丰厚历史，光芒四射，是世界顶级酒店组织 The Leading Hotels of the World（全球酒店联盟，成立于 2004 年，是世界上最大的独立酒店集团联盟）的一员。皇宫酒店拥有 154 间配有空调的房间和套房、三家餐厅、两间酒吧、一间美发厅和一个常温海水泳池。房间和套房以其曾入住过的名流贵族的名字命名，如茜茜公主、维克多·雨果、利奥波德二世、埃尔方斯十三世、爱德华七世等，室内装修考究，处处保留着旧时的奢华风格，古董家具与装饰流露着精致的皇家气派（见图 1－25）。

图 1－24　昔日明信片上的皇宫酒店

图 1－25　皇宫酒店豪华古朴的内饰

皇宫酒店真正的创造者是一个可爱的少女。1835 年，9 岁的小女孩和她妈妈西班牙的 Montijo 伯爵夫人在巴斯克海滨度假。她和当地的孩子们一起在旧港口游泳嬉戏。有一天，她差点淹死了，幸亏两个年轻人把她救了起来。在她幼小的心灵里，她永远不会忘记那段假期时光，因为她深深地爱上了这片土地。她就是比亚里茨辉煌的创造者：欧也妮。

1852 年，欧也妮与拿破仑三世相遇。第二年，他们就步入了婚姻的殿堂。之后，她说服了丈夫陪她重游童年的度假乐园。1854 年夏天，这对王室夫妇带着一众随员搬到了位于比亚里茨圣马丁区的 Grammont 城堡避暑。这一次，拿破仑三世也被这片海岸深深地吸引了。对于这个永远清楚自己想法的男人来说，Grammont 城堡作为皇室度假地实在太小了，于是他购置了一块能俯瞰大海的沙滩并开始兴建夏日宫殿。6 个月后，宫殿竣工。作为送给皇后的礼物（俯瞰这座宫殿正像欧也妮名字的首字母“E”），它被命名为“欧也妮别墅”，如今，成为皇宫酒店。2011 年 5 月，皇宫酒店入选由法国旅游发展总署评选的法国首轮 8 家“宫殿酒店”名单。

知识链接

比亚里茨的“魔力”

当年，许多地位显赫的游客都被这个魔幻的地方吸引住了。1807 年，荷兰皇后被这里大海的壮美和港口的精巧彻底征服；1830 年，作家维克多·雨果和他心爱的女人朱利埃特·德鲁埃来到这里，深深地沉迷之余，他曾“自私”地祈祷“希望比亚里茨永远不要变得时髦”。当然，他的愿望并没有实现。多年以后，剧作家萨沙·吉特里在皇宫酒店的留言簿上写道：“如果你在两个度假胜地间举棋不定，那其中肯定有一个是比亚里茨。”

2. 美国纽约华尔道夫饭店

纽约华尔道夫饭店（见图 1-26）位于美国纽约曼哈顿派克大道 49～50 街，为希尔顿酒店集团旗下品牌，堪称世界上最豪华、最著名的五星级酒店之一，共 42 层楼，拥有 1 245个房间，其中有 197 个套房（见图 1-27），而国家元首下榻的华尔道夫塔楼有 180 个房间，其中 101 个是套房，但只有一个总统套房。如果下榻饭店的首脑人物太多，华尔道夫塔楼里的拥有三卧室的“帝王套房”随时可以用于接待。

图 1-26　纽约华尔道夫饭店

图 1-27　纽约华尔道夫饭店的豪华套房

19 世纪 80 年代，阿斯特家族的掌门人约翰·阿斯特被公认为当时全美国最有钱的人。阿斯特家族的财富继承问题是当时美国上流社会茶余饭后的谈资。掌门人约翰·阿斯特立下遗嘱，将所有财富留给自己唯一的儿子威廉姆·华尔道夫·阿斯特，并嘱咐他建一座“为富人服务”的饭店。

1893 年，威廉姆·华尔道夫·阿斯特如父所愿，在纽约曼哈顿建起了当时最豪华的一家饭店。开业之后生意兴隆，4 年后他的表弟约翰·雅各布·阿斯特在隔壁开了一家类似的饭店，两家饭店由一条走廊连在一起，于是被人们称为华尔道夫-阿斯多利亚，也就是后来的华尔道夫饭店。1931 年，华尔道夫酒店经过重建、扩张和迁址，成为当时世界上最大的酒店。

华尔道夫饭店见证了美国及世界历史上许多重要事件。例如，19 世纪末，时任中国清政府直隶总督兼北洋大臣的李鸿章乘船考察欧美各国，在纽约，他下榻的饭店便是华尔道夫饭店，他成为历史上下榻该饭店的第一位华人政要。1946 年第二次世界大战结束后，美、英、法、苏 4 个战胜国代表在其塔楼的一个套间里签订了《世界和平协议》；盟军代表曾在该酒店签署了有关战后的协议。而第二次世界大战期间盟军统帅、后来成为美国总统的艾森豪威尔也常光顾该酒店，他去世后其夫人选择在此永久居住。此外，第 31 任美国总统胡佛也在该酒店确立了永久住所。2000 年的《新千禧年宣言》也在华尔道夫饭店诞生。

关于饭店成立有一个小故事：100 多年前一个风雨交加的夜晚，一对老年夫妻迈进一家旅馆的大门，想投宿一个晚上。夜班服务员有些不好意思地对他们说：非常抱歉，今天的房间已经全部订满。看着老人家一副失望的神情，服务员迟疑了一下说："如果不嫌弃的话，你们可以住在我的房间。它虽不是豪华的客房，但很干净。我值夜班，你们可以在这里休息。"老年夫妇看了房间后喜出望外，决定在这里过夜。翌日，老先生前去结账辞行时，这位服务员和颜悦色地对他说："先生，昨天你们住的房间不是饭店的客房，我们不能收你的钱。希望你与夫人昨晚睡得很香。"老先生感谢之余连连点头称赞："你真是每个旅馆老板梦寐以求的员工，或许我们今后还有见面的机会。"若干年后，这名服务员收到一封挂号信，信中叙述了那个风雨交加的夜晚所发生的事，另外还附了一封邀请函和一张飞往纽约的机票，邀请他到纽约访问。在曼哈顿，服务员见到了这位当年投宿的顾客。老先生指着一栋华丽高贵的新大楼说："这是我盖的旅馆，希望你来为我经营。我叫威廉姆·华尔道夫·阿斯特。你正是我梦寐以求的员工。"

知识链接

华尔道夫饭店"竭尽所能"的服务宗旨

在华尔道夫饭店的墙上，人们可以看到这么一幅标语："困难的，立刻办到。不可能的，多花几分钟就可以办到。"这是华尔道夫饭店为客人提供优质服务的座右铭。当世界级首脑下榻华尔道夫饭店时，他们会不会有奇怪的要求？答案是肯定的。有的国家元首半夜起床要吃土豆条，有的要吃安眠药才能入睡。华尔道夫饭店在服务各国首脑的要求时，总是力求最快最好，从没有丝毫怠慢。

一次，有位阿拉伯王子下榻华尔道夫饭店后通知酒店："把我的房间和经过的走道都铺上波斯地毯。"接到通知，酒店上下马上行动，找遍了纽约城的地毯商，结果一无所获。饭店外事经理蒋女士急中生智，她对阿拉伯王子说："王子，我们已经尽了全力，但今天没有满足您的要求，不过明天一早您醒来后就可以看到您最喜欢的波斯地毯了。您什么时候想出门，您就打电话通知我，我躺在地上让您踩着过去。"这一席幽默的话逗得王子哈哈大笑道："没有地毯我一样可以走路。"

（二）亚洲其他国家的百年老店

曼谷东方酒店是举世公认的世界级酒店（见图 1－28），曾连续 10 年被纽约《机构投资者》杂志评为"世界最佳酒店""最佳商务酒店""最佳个人旅馆"。

东方酒店已有 100 多年历史，根据《英籍教师在暹罗宫廷》一书记载，作者在 1862 年 3 月 15 日带着 10 岁的儿子路易斯搭船抵达曼谷时，在酒店现址看到的洋房就是"东方客栈"。

东方客栈在 1876 年卖给两位丹麦船长后，转型为旅馆。不过，它晋升于豪华旅馆之列，还要归功于丹麦商人汉斯·尼尔斯·安德森。他在 1881 年接手后，将东方酒店变成了充满地毯和壁纸的浮华世界。

1890 年 12 月 17 日，泰王拉玛五世驾临东方酒店考察后，就决定将次年来访的俄国王子安顿在此。而这位东方酒店首次接待的外国王室人物，就是日后的末代沙皇尼古

图 1 - 28　曼谷东方酒店

拉二世。从那以后，几乎所有的国宾和国宴都安排在此，东方酒店成了名副其实的“王室招待所”。

东方酒店共有 400 多间客房，房间宽敞豪华。客房内配备有卫星电视、国际直拨电话、冰箱等设备。酒店内设有多家各具特色的餐厅，提供包括传统泰国菜、法国菜、中国菜、意大利菜在内的各式美味佳肴。酒店还拥有最多可招待 500 人的宴会厅，同时设有游泳池、运动中心、网球场、壁球场等。

东方酒店还有一项特殊服务更让人乐在其中，流连忘返，那就是“东方 SPA”（见图 1 - 29）。1999 年，它被旅游权威杂志评为“世界最佳美容健身中心”。这里出入的名流如过江之鲫，名单中较为我们熟知的有布什、成龙、伊丽莎白·泰勒、查尔斯王子和卡米拉等人。此外，该中心的“健康餐”中每道菜都会注明热量含量和肥胖指数，并提醒客人每天摄取量应保持在 1 400～1 700 卡路里，肥胖指数则须控制在 30～40。

图 1 - 29　舒适的“东方 SPA”

东方酒店非常重视培养忠实的客户，并且建立了一套完善的客户关系管理系统，使客户入住后可以得到无微不至的人性化服务。迄今为止，世界各国约 20 万人曾经入住过东方酒店，用他们的话说，只要每年有 1/10 的老顾客光顾酒店就会永远客满，这就是东方酒店成功的秘诀。

知识链接

从一根牙签探寻“东方”不败的秘密

“东方”人认为，历史、传统和注意细节是东方酒店能屹立 100 多年的原因。如在细节方面，为了不打扰房客，东方酒店的服务人员要在房客不在的空当进房去收拾房间。可是，他们又是如何得知房客不在呢？秘诀是一根牙签。当客人离房，顶在房门外底下的牙签会应声而倒，巡房员便知道客人出门了，就会通知清洁人员进行整理，出来后再将牙签竖立。当客人回房，牙签又倒了，这时巡房员便知道客人进房了，就会悄悄地再将牙签竖立。

这么周到的服务自然要依赖足够的人力。东方酒店就有上千人照顾着它的 400 多间客房，换算成“服务比”，即每间客房平均需要 2.5 个人来服务。

（三）中国的百年老店

1. 北京饭店

北京饭店历史悠久，位于东长安街与王府井商业街交汇处，是著名的五星级百年老店，始建于 20 世纪初。北京饭店的东、中、西三幢楼各代表着三个不同的历史时期。1900 年是中国的农历庚子年，八国联军开始入侵北京。就在这年冬天，叫邦扎和佩拉蒂的两个法国人在八国联军兵营（现在的苏州胡同）东面开了一家三间门脸房的小酒馆，卖红、白葡萄酒和煎猪排等小菜，这就是北京饭店的前身。第二年，酒馆搬到兵营的北面（原东单菜市场隔壁），正式挂上了“北京饭店”的招牌。1903 年，饭店由意大利人接手，并搬迁到王府井南口现在的位置。4 年后，中法实业银行买下了北京饭店，成为新中国成立前经营北京饭店时间最长的店主（1907—1940 年，共 33 年）。在此期间，饭店经过两次扩建，一直是北京最高的楼房和最大的饭店。现在最老的中楼就属于法式风格建筑，七层高，已被列为北京市文物保护单位。

中华人民共和国成立后，北京饭店进行了四次扩建。1988 年，顺应旅游业的迅速发展，北京饭店与香港著名爱国人士霍英东先生合作，在西楼的西边，建成了一座具有国际一流水平的五星级贵宾楼饭店（见图 1－30）。

1977 年 8 月，邓小平在北京饭店组织召开了科学和教育工作座谈会，他坚定地说：“今年就要下决心恢复从高中毕业生中直接招考学生，不要再搞群众推荐。”之后，国务院正式批转了教育部《关于 1977 年高等学校招生工作的意见》。高考的恢复，改变了无数中国青年的命运。现在的店名“北京饭店”四个字是邓小平于 1984 年 5 月 6 日来此理发时所题，这在中国的饭店中是极为罕见的。

北京饭店从成立到现在，经过了三次迁址、四度扩建，历经清王朝、中华民国、日本占领期、新中国等时期，成为中国近代史的缩影。如今，拥有近 1 000 套现代化客房、建筑面积 16 万平方米的北京饭店已经发展成一座成熟的商务豪华型酒店（见图 1－31）。

图 1－30　北京饭店

图 1－31　北京饭店谭家厅

2001 年 2 月 19 日，国际奥委会评估团一行入住北京饭店，他们详细考察了北京申办奥运会的各项准备条件，而北京饭店的服务质量和硬件条件将直接影响着申奥的成败。在评估团结束考察临别之前，他们留下了这样的祝福：我们在北京逗留期间，北京饭店全体员工为我们提供了热情周到的服务，祝北京申奥成功。2006 年 12 月 17 日，北京饭店被国际奥委会和北京奥组委正式确定为北京 2008 年奥林匹克大家庭总部饭店（奥运会期间饭店为奥林匹克大家庭主要成员的驻地，以及国际奥委会的总部和指挥中心）。

知识链接

一架神秘而昂贵的钢琴

走进北京饭店东楼大厅，会看到大厅中央一架豪华的古钢琴（见图 1－32）静静地立在一块被红色丝绒链条围起来的提花地毯上，钢琴旁有一块牌子，上面写道：“此琴是现存于世的最古老的蓓森朵芙钢琴之一，从 1900 年起，它优美的琴声伴随着北京饭店走过了一个世纪的历程。”奥地利蓓森朵芙钢琴是世界上最古老的名琴，北京饭店现存的这架钢琴已有 100 多年的历史。据记载，20 世纪 20 年代，外国演奏团体和演奏家经常到这里用这架钢琴演奏，成为名流聚会的一景。可以想象，在当时的众多舞会、晚宴上，这架奥地利蓓森朵芙钢琴展现在济济一堂的各方贵宾面前，它那优美的琴音是多么令众人陶醉。

图 1－32　北京饭店的蓓森朵芙钢琴

近些年，奥地利钢琴厂家曾多次来到北京饭店，想用6架新钢琴换回这架在欧洲已难觅踪迹的古钢琴，都被婉言拒绝了。后来，厂家又委托使馆表示愿意帮助保养此琴，由此可见它蕴含的艺术价值和收藏价值非同一般。这架当时即使在欧洲也十分昂贵的钢琴是怎样不远万里漂洋过海来到中国的呢？这已成了一个难解之谜。

2. 上海和平饭店

和平饭店位于上海外滩20号，是上海近代建筑史上第一幢现代派建筑，饭店拥有最具特色的九国式特色套房及众多别具特色的餐厅、宴会厅、多功能厅和酒吧、屋顶观光花园等。和平饭店是中国首家被评为世界著名饭店的饭店。

1854年（清咸丰四年），和平饭店南楼创办（名为“中央饭店”），这是西侨在上海建造的第一家带餐饮业的旅社。1906年3月8日，和平饭店南楼汇中饭店重建，有上海最早的卫生设备和最早的两部电梯，还有上海最早的屋顶花园。1929年，和平饭店北楼开始建设，取名华懋饭店，芝加哥学派哥特式建筑，楼高77米，共12层，由当时富甲一方的英籍犹太人爱利斯·维克多·沙逊建造，外墙采用花岗岩石块砌成，由旋转厅门而入，大堂地面用乳白色意大利大理石铺成，顶上为古铜镂花吊灯，豪华典雅，有“远东第一楼”的美誉（见图1－33）。饭店落成以后，名噪上海，以豪华著称，主要接待金融界、商贸界和各国社会名流，如马歇尔、司徒雷登、鲁迅、宋庆龄、卓别林、萧伯纳等。

新中国成立后，饭店于1956年重新开业，起名和平饭店。近年来，和平饭店对客房、餐厅等进行了更新改造，面貌焕然一新（见图1－34），而建筑风格仍保持了当年的面貌，使下榻于此的宾客仿佛置身于时间隧道，在现代与传统、新潮与复古的融合、交错中浮想万千。

图1－33　旧上海时期的和平饭店

图1－34　和平饭店大厅

知识链接

和平饭店之瑰宝——铝质唱片

和平饭店前身——华懋饭店经营理念独特。比如顾客要在饭店里举办生日、婚礼、纪念日等庆典，华懋饭店可为顾客灌制一张小型的铝质唱片，以资留念。如今民国第一任国务总理唐绍仪的侄孙唐无忌先生还保存着这种小巧的铝质唱片。那是一张他外公周今觉先生60大寿庆典的录音制品。1938年农历九月十八日是周先生60岁生日，就选在华懋饭店大餐厅举行庆典，那天宾客如云，孩子们兴奋异常。

一家饭店里能有为宾客灌制唱片的设备，即使现在也并不多见。然而在20世纪30年代，华懋饭店就已做到了，可见华懋饭店经营理念之超前。

3. 浙江杭州新新饭店

杭州新新饭店位于杭州西湖核心风景区北山路，坐北朝南，风光秀丽，交通便捷。饭店前身可追溯到19世纪90年代，由上海最早的连锁企业“何锦丰洋广杂货号”老板何宝林（宁波鄞县人），在东楼旧址上陆续建成中、西式楼房三幢，称为何庄。1909年董锡赓发现商机，与何宝林之子何积藩合股在何庄开始接待宾客，1913年设计完成英文名为“THE NEW HOTEL”、中文名为“新新旅馆”的店牌。而后董锡赓独自经营，并于1922年建成一幢五层高楼（现称中楼），名称还是沿用“新新旅馆”（见图1-35）。

图1-35　1929年西湖博览会时的新新饭店

杭州新新饭店之名取至《礼记·大学》中名句“苟日新，日日新，又日新”。时逢新文化运动，蕴涵着新社会、新时尚，既指新旅店，又指面貌永远保持新鲜，旅店日日保持清洁，满足宾客良好期待。

美国哲学家杜威、日本文豪芥川龙之介、宋庆龄、宋美龄、蒋经国、徐志摩、巴金、胡适、鲁迅、茅盾、郭沫若、丰子恺、傅抱石等众多政要和社会名流曾下榻于此。

杭州新新饭店现有套房、豪华房、商务房、标准房等，并提供餐饮、休闲娱乐及宴会等服务（见图1－36）。2006年被评选为杭州最佳商务酒店。2008年获世纪历史经典酒店荣誉。

图1－36　新新饭店餐厅

知识链接

我要嫁给一个中国人

中奥合拍的影片《芬妮的微笑》取材自20世纪30年代奥地利女子格特鲁德·瓦格纳与中国警察教官杜承荣相爱半个多世纪的故事。瓦格纳亲历30年代至今中国的变迁，分担着丈夫60年的苦涩，在困境中抚养着5个子女。见证这份国际姻缘的正是杭州新新饭店。

1931年至1933年，警官杜承荣被当时的中国政府派往维也纳受训，那时奥地利警备水平世界一流。瓦格纳的父亲既是杜承荣的教官又是近邻。1933年夏，17岁的瓦格纳向女伴宣称："我要嫁给一个中国人，我父母反对，但我要这么做！"在众多反对声中，尤其是在父亲激烈坚决的言辞中，瓦格纳用"这是我的幸福"表明她的态度。之后，父亲面对同事的意见"假如杜要娶我两个女儿中的任何一个，我都会同意，因为杜是优秀的"，而最终让步。

杜承荣回国前，这对异国恋人观看了表现异国婚姻悲剧的歌剧《微笑的国度》，剧中歌词"你是我全部心灵之所在"成了他们的海誓山盟。

1935年2月24日，瓦格纳与杜承荣在杭州新新饭店举行了隆重的婚礼。婚礼日，瓦格纳有了新名字——"华知萍"，杜承荣为之取"萍水相逢，人生知己"之意。两人也在新新饭店开始了这段相濡以沫60年的跨国恋情。

【任务评价】

评价内容	评价方式			评价等级
	自评	小组评议	教师评议	
1. 掌握现代酒店的起源				
2. 掌握酒店发展史中中外最早的酒店或最具代表性的酒店				
3. 了解国内外“有故事”的百年老店				
4. 收集本地区“有故事”的百年老店				
总　评				

任务二　归类——领略酒店的发展形态

【情境导入】

求助——马上要过年了，小明的妈妈欣喜地告诉小明，长年在国外的大伯事业有成，今年要回国探亲来了，家里太小太乱，不好住客，只能住酒店，但大伯说了他只住假日酒店。妈妈说：“你是学酒店专业的，订房的事就交给你了！”小明一口就答应下了。但事与愿违，假日酒店集团在本市有三家酒店，分别是皇冠假日酒店（见图 1－37），是一家五星级的商务酒店，高大上；假日快捷酒店（见图 1－38），是一家经济型酒店，干净舒适、离家很近；假日阳光度假村（见图 1－39），是一家四星级的度假酒店，休闲幽静、环境优美，但在离家较远的景区。小明犯愁了，该选哪一家呢？让我们来帮帮小明吧。

图 1－37　皇冠假日酒店

图 1－38　假日快捷酒店

图 1-39　假日阳光度假村

【知识预备】

一、什么是酒店集团

（一）酒店集团的定义

酒店集团是指拥有或管理两家以上的酒店，这些酒店使用统一的店名、店标，统一的管理模式和服务标准，进行联合经营的企业。简单地说，酒店集团是指以经营酒店为主的联合的经济实体，最早产生于美国。1907 年，美国里兹饭店出售特许经营权给其他酒店，出现了酒店新型经营形式。

（二）酒店集团的特征

（1）酒店集团是一个非法人的企业联合体。

（2）集团成员之间具有密切的经济联系。

（3）经营多元化、综合化。

（4）集团与金融机构联系密切，具有强大的融资功能。

（5）酒店集团是特殊的、非独立核算的会计实体，需编制以母公司为基础的合并会计报表。

二、什么是星级酒店

为了促进旅游业的发展，保护旅游者的利益，便于酒店之间有所比较，国际上曾先后对酒店等级做过一些规定。从 20 世纪 50—60 年代开始，按照酒店的建筑设备、酒店规模、服务质量、管理水平，逐渐形成了比较统一的等级标准，通行的酒店等级共分五等，即五星、四星、三星、二星、一星饭店。

（一）星级酒店（中国）的定义

星级酒店是由国家（省级）旅游局评定的能够以夜为时间单位向旅游客人提供配有餐饮及相关服务的住宿设施，按不同习惯它也被称为宾馆、酒店、旅馆、旅社、宾舍、度假村、俱乐部、大厦、中心等。所取得的星级表明该饭店所有建筑物、设施设备及服务项目均处于相应水准。

（二）星级酒店（中国）的划分

根据《中华人民共和国星级酒店评定标准》将酒店按等级标准以星级划分，分为一星级到五星级 5 个标准。

星级以镀金五角星为符号，用一颗五角星表示一星级，两颗五角星表示二星级，三颗五角星表示三星级，四颗五角星表示四星级（见图 1－40），五颗五角星表示五星级，五颗白金五角星表示白金五星级（见图 1－41）。最低为一星级，最高为白金五星级。星级越高，表示酒店的档次越高。

图 1－40　四星级酒店标牌

图 1－41　白金五星级酒店标牌

【知识情境】

一、风格迥异的酒店类型

（一）以服务对象划分的酒店类型

1. 商务型酒店

商务型酒店（见图 1－42）是以商务客人而非旅游度假客人为主的酒店，一般认为商务客人的比例应该不低于 70％。与度假客相比，商务客对于酒店的选择更挑剔，同时也愿意为服务支付高价格。度假客希望的是在酒店找到家的感觉，追求的是“宾至如归”，而对于日理万机的商务客来说，酒店还要有宴会厅、会议室和商务中心。

一家好的商务型酒店通常具备以下特点：位置好，距离商务活动中心比较近（商务客的时间很宝贵，不愿意在交通上花太多时间）；酒店的商务设施齐全；不低于四星级，由酒店管理集团统一管理。

2. 度假型酒店

度假型酒店可分为两种：一种是观光度假型酒店，这类酒店要求的地理位置比较独特，多位于海滨、草原、海岛、森林、雪山等拥有独特旅游资源的地方（见图 1－43），并且能够提供多种旅游活动和健身活动。这类酒店较注重安全、卫生、舒适，在饮食上最好

图 1－42　商务型酒店大堂对客服务一景

图 1－43　风景宜人的海滨度假型酒店

能有当地特色的菜式，不需要很豪华，因为人们只是去当地的景点参观，注意力都放在景点上。另一种则是休闲度假型酒店，这类酒店不需要有良好的旅游资源，但一定要安静、舒适、绿化好。因为这类酒店的顾客都是前来放松身心、释放压力的，希望能逃离城市的喧嚣。

度假型酒店在为顾客设计所需的娱乐时，应将酒店特点与顾客需要相结合，避免提供吵闹的环境，才能让顾客真正感到舒适。

度假型酒店的特点：地理位置或围绕或远离城市；具有完善且独立的生活配套设备和综合性的休憩、娱乐服务设施；融多元文化（不同游客文化、地域文化、民风乡情等）于一体。

3. 长住型酒店

为租居者提供较长时间的食宿服务。此类酒店客房多采取家庭式结构，以套房为主，房间大者可供一个家庭使用，小者有仅供一人使用的单人房间。它既提供一般酒店的服务，又提供一般家庭的服务，其根据酒店的档次和提供的设施分为高档长住酒店、中等价位长住酒店和经济型长住酒店，通常价格、等级越低的酒店，其最短住宿天数（LOS）就越长。一些客户甚至把经济型的长住连锁酒店作为半永久性的住所。

长住型酒店最显著的一个特点是，大多数长住型酒店的客房都配备有厨房。厨房里至少配备有一个水池、冰箱、微波炉和炉灶（见图 1-44），有些厨房也配备洗碗机和烤箱。与传统酒店不同的是，大多数长住型酒店都不提供那些通常在全服务或有限服务酒店里提供的日常用品，如洗发香波、护发素、浴液、浴帽和针线等。虽然长住型酒店提供的服务有限，但其房价也要比全服务酒店和有限服务酒店便宜得多，通常是传统酒店的 50%。

图 1-44　长住型酒店的房内设计

4. 会议型酒店

会议型酒店是接待会议最主要的场地。会议型酒店主要是指那些能够独立举办会议的酒店，某些业界人士甚至认为接待会议的直接收入至少应该占到会议型酒店主营收入一半以上的份额。在我国国际会议 30 多年的发展历史中，会议型酒店发挥了重要作用。

会议型酒店（特别是高端会议型酒店）的特征：一是销售形式不同于传统的酒店，它是综合性销售，不仅有客房、餐饮，还有会展的设施、会议的设备（见图 1-45）；二是服务的对象不同，除了服务中面对每一位参会个体之外，还要面对会议的组织者，其中和组织者的沟通是非常重要的环节；三是服务部门的设置不同，在实际中要针对专业性较强的会议采用不同的服务模式，包括配置相应的会议设备设施，以保证为会议提供圆满的服务；四是酒店会议功能间的配备，多功能间要尽量准备得充足一些；五是宴会的配置，包括餐饮的独特性（宴会厅要求比较大）等。

5. 经济型酒店

根据经济型酒店的特点和中国的实际情况，经济型酒店的定义可以总结为：以大众旅行者和普通商务人士为主要服务对象，以客房为唯一或核心产品，价格低廉（一般在 300

图 1－45　会议型酒店的大型会议室

元人民币以下）、服务标准、环境舒适、硬件上乘、性价比高的现代酒店业态。

经济型酒店最早出现在 20 世纪 50 年代的美国，如今在欧美国家，经济型酒店已是相当成熟的酒店形式。我国经济型酒店的发展始于 1996 年：上海锦江集团旗下的“锦江之星”作为中国第一个经济型酒店品牌问世。

经济型酒店（见图 1－46）的特点：产品的有限性，紧扣酒店的核心价值——住宿，以客房产品为灵魂，去除了其他非必需的服务，从而大幅削减了成本；产品和服务的优质性，突出清洁卫生、舒适方便的特点；最大的特点是价格便宜；市场定位明确，服务对象是普通商务人士、工薪阶层、普通自费旅游者和学生群体等；一般采取连锁经营方式。

图 1－46　经济型酒店客房平面布局设计

6. 公寓与酒店的结合

公寓与酒店结合的食宿场所有两种：其一是公寓式酒店（见图 1－47），简单地说，就是设于酒店内部的公寓形式的酒店套房，通俗地说是酒店里的客房户型和配套与公寓相仿，实则为酒店；其二是酒店式公寓（见图 1－48），意为“酒店式的服务，公寓式的管理”，是在亚洲兴起的一种只做服务、没有任何酒店经营的纯服务公寓，通俗地说是提供酒店管家级服务的高档公寓住宅，实则为住宅。酒店式公寓是吸引“懒人”和“忙人”的酒店式服务公寓。在酒店式公寓既能享受酒店提供的殷勤服务，又能享受居家的快乐。

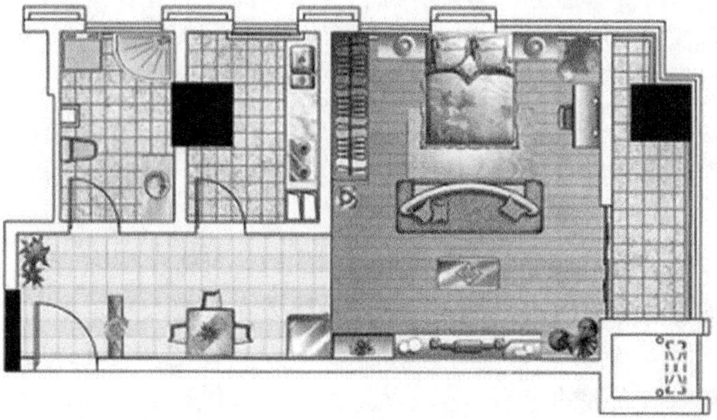

图 1－47　公寓式酒店平面设计图

图 1－48　酒店式公寓效果图

公寓式酒店的特点：一是类似公寓，拥有居家的格局和良好的居住功能，客厅、卧室、厨房和卫生间一应俱全；二是配有全套的家具电器，能够为客人提供酒店的专业服务；三是既有公寓的私密性和居住氛围，又有高档酒店的良好环境和专业服务；四是四星级以上的公寓式酒店提供的服务则更为周到，这种物业在北京已经出现，它的服务包括餐饮、娱乐、洗理、游泳、复印、传真、打印、翻译等，土地性质为旅游用地，产权通常为40年。

酒店式公寓的特点：一是拥有独立产权，配备包括厨卫在内的综合套间的房子，大厦提供酒店式的商务服务、保洁服务、物业管理、租赁管理；二是既吸收了星级酒店的服务功能和管理模式，又吸收了信息时代写字楼的特点，拥有良好的通信条件，可针对性地提供秘书、信息、翻译等商务服务，是一种综合性很强的物业管理概念，集住宅、酒店、会所等多种功能于一体。

7. 个性化酒店

个性化酒店是以某些特殊的消费群体为服务对象的酒店。这类酒店大多设计装饰大胆、手法新奇，如各种主题酒店、艺术酒店、设计酒店等，也是最近出现较多的一种新型酒店。

主题酒店是以某一特定的主题，来体现酒店的建筑风格和装饰艺术，以及特定的文化氛围，让顾客获得富有个性的文化感受；同时将服务项目融入主题，以个性化的服务取代一般化的服务，让顾客获得欢乐、知识和刺激。历史、文化、城市、自然、神话、童话故事等都可成为酒店借以发挥的主题。

主题酒店的特征：独特性、文化性、体验性。

目前世界上的主题酒店以美国的“赌城”拉斯维加斯最为集中和著名。以下是拉斯维加斯几家具有代表性的主题酒店：

金字塔酒店（见图 1－49）——以埃及金字塔为主题，外形是金字塔，有 4 407 间客房，是世界上第三大度假酒店。

柏列吉欧酒店（见图 1－50）——模仿意大利北部同名小镇的景观建成，有 3 000 个房间。酒店前有一个 30 000 多平方米的人工湖，喷泉高达 72 米，水池舞台纵深 8 米，经常表演水中舞蹈和特技魔术。

图 1－49　金字塔酒店

图 1－50　柏列吉欧酒店

巴厘岛硬石酒店（见图 1－51）位于巴厘岛最热闹的海滩区，是硬石集团旗下的亚洲第一座摇滚音乐主题酒店。一进酒店大门，就看到露天的、20 多米高的一个大电吉他，这是硬石酒店的显著标志。

图 1-51 巴厘岛硬石酒店

我国首家主题酒店——深圳威尼斯酒店（见图 1-52）以著名水城威尼斯的文化进行包装，利用了众多可反映威尼斯文化的建筑元素，充分展现地中海风情和威尼斯水城文化。

图 1-52 深圳威尼斯酒店

知识链接

世界新奇的个性化酒店一览

1. 美国犬吠公园旅馆（见图 1-53）

在美国爱达荷州的卡顿伍德，有一家特别的旅馆，它有着猎兔犬的外形，名叫犬吠公园旅馆。犬吠公园旅馆有两层，每层都有客房，在这只“猎兔犬”的鼻子上方还有一个露天平台，供客人纳凉和休息用。

图 1-53 美国犬吠公园旅馆

2. 奥地利水泥管旅馆（见图 1-54）

住在水泥管里的不见得都是无家可归者，奥地利林茨公园这座用污水管道建成的旅馆，带有强烈的后工业气息，它坐落在多瑙河畔，清洁又便捷。

图 1-54 奥地利水泥管旅馆

3. 斯洛文尼亚赛利卡旅馆（见图 1-55）

老监狱改建成招待所并不稀奇，但是还保留有原有的门窗就真的是独一无二了。这里曾经是奥匈帝国和南斯拉夫的军事监狱，直到 1991 年斯洛文尼亚独立后被改造为名叫赛利卡（意为牢房）的旅馆。原封未动的狱室门窗几乎舍弃了营造私人空间的可能，住在这里的人也仅仅是为了体验一次“坐牢”的感觉。

4. 智利魔术山旅馆（见图 1-56）

这家旅馆位于智利私人拥有的自然保护区，看起来如同火山，只不过山顶喷涌而出的

图 1-55 斯洛文尼亚赛利卡旅馆

图 1-56 智利魔术山旅馆

不是炽热熔岩，而是清凉的瀑布。房间就在这个瀑布下面，旅客借由一个吊桥进出，在房间中可以欣赏到热带雨林的风景与动物。

5. 巴哈马海神度假酒店（见图 1-57）

海神度假酒店是由一位美国富翁投资建造的世界第一家海底五星级酒店，建于德伊柳塞拉岛水底 18 米以下的地方，四周有珊瑚群围绕，客人们可以通过潜水艇或者与海滩休息厅相连通的隧道进入酒店，而无须穿着潜水服。

图 1-57 巴哈马海神度假酒店

6. 哥斯达黎加佛得角酒店（见图 1-58）

佛得角酒店直接以地名命名，乍一看以为是坠毁在丛林中的飞机，其实是由退役的波音 727 飞机改造而成的酒店建筑。机身客房的小窗户给我们仍在乘坐飞机的错觉，而且两间套房入口位于波音 727 的机翼。客房的服务总是让人唤起曾经的南非航空公司和阿维安卡航空公司飞机服务的记忆。

7. 荷兰海港起重机旅馆（见图 1-59）

在距离荷兰阿姆斯特丹一小时车程的哈灵根有一个海港起重机旅馆，两个约 17 米的大规模起重机被改造成了与高级酒店豪华套房一样的房间。在由起重机改装的房间里，你会发现设施非常现代化，卫生间、厨房、高清电视一应俱全。

图 1-58　哥斯达黎加佛得角酒店

图 1-59　荷兰海港起重机旅馆

8. 东非树顶旅馆（见图 1-60）

东非肯尼亚的野生动物园中，有一座世界闻名的“树上旅馆”。这是个约有 4 层楼房高的 2 层楼建筑，全部为木质结构，搭在许多株大树的树干上，底层离地约 10 米。旅馆前面有一个大水塘，供动物饮水、洗澡之用。水塘周围是一片盐土沼泽地，这是给动物准备的“食盐”。傍晚，成群的大象、野牛、羚羊、野猪等野生动物便陆续到水塘和盐土地来，饮水、吃草、戏水，或相互逗耍、追逐……不断地发出吼声。旅客站在平台或酒吧长廊，可居高临下尽情观赏野生动物的千姿百态。

9. 德国颠倒旅馆（见图 1-61）

特立尼达的希尔顿旅馆是世界上独一无二、颠倒过来的旅馆。它是紧贴着悬崖修建的。旅客们不是从下面而是从屋顶上进去，然后乘电梯下到自己的房间。

图 1-60　东非树顶旅馆

图 1-61　德国颠倒旅馆

（二）以等级划分的酒店类型

1. 星级表示法

用★号的数量和颜色来表示。国际通用的为 1～5★级，星级越高，酒店档次就越高。

2. 字母表示法

用 A、B、C、D、E 字母来表示。A 为最高级，E 为最低级，有些地方最高级用 A1 来表示。

3. 数字表示法

用数字表示酒店等级，通常最高级为豪华级，继豪华级之后由高到低依次为1、2、3、4级，数值越大，档次越低。

4. 钻石表示法

美国汽车协会（AAA）用钻石标准划分酒店和旅馆等级。一家机构向AAA申请钻石标准认证，如果AAA同意检查其物业，一位检查员将在不通知的情况下抵达并检查。如果一切符合AAA的标准，该物业将成为AAA认证的酒店。AAA不会认证质量低下的酒店。然而，人们需要不同层次的服务，因此AAA也在1～5钻石范围内划分酒店等级，5钻为最高等级。

（三）以其他方式划分的酒店类型

（1）按酒店规模分为大型酒店、中型酒店、小型酒店。按客房数量划分，国际上600间以上为大型酒店，300～600间为中型酒店，300间以下为小型酒店；中国则是500间以上为大型酒店，200～500间为中型酒店，200间以下为小型酒店。

（2）按酒店地理位置分为中心城市酒店、风景区酒店、汽车酒店、机场酒店、郊区酒店。

（3）按酒店经营方式分为集团经营酒店、独立经营酒店、联合经营酒店。

（4）按拥有权分为国有酒店、合资酒店、独资酒店、个体酒店。

（5）现代酒店新类型：经济型酒店、全套房酒店、卡仙奴酒店（赌场酒店）、会议中心酒店、主题酒店、特色酒店。

知识链接

关于超星级

目前世界上的酒店越造越豪华，五星级的称号显然不足以显示这些酒店的豪华程度，于是出现了超五星的说法，甚至出现号称“七星级”的酒店。这些“噱头”通常是由酒店自身设定的，如著名的迪拜的帆船酒店（即阿拉伯塔，见图1-62），因为实在太豪华，人们只好称之为七星级酒店；米兰的汤豪斯佳乐利酒店（见图1-63），经过一家瑞士公司权威鉴定为七星级酒店。在中国也有了号称“中国首家的七星级酒店”——三亚海棠湾红树林费尔蒙酒店（见图1-64）。阿拉伯联合酋长国的首都还出现了世界上可以唯一号称八星级的宫殿酒店（见图1-65）。

图1-62　迪拜的帆船酒店

图1-63　米兰的汤豪斯佳乐利酒店

图 1－64　三亚海棠湾红树林费尔蒙酒店

图 1－65　阿联酋的宫殿酒店

二、大浪淘沙的发展趋势

21 世纪伊始，竞争全球化、信息即时化、科技大众化、市场细分化、顾客精明化给包括酒店业在内的各行各业带来了空前的机遇和巨大的挑战。酒店业作为一种综合性产业，客源竞争、资源竞争、人才竞争日趋激烈，哪种类型的酒店、哪家酒店能最终站稳脚跟，就看能不能跟上时代潮流，能不能洞悉未来酒店业的发展趋势，能不能成为大浪淘沙的精华。

（一）酒店管理的人性化

在知识经济时代，人才不仅是生产要素，更是企业宝贵的资源，尤其是酒店企业，其产品和服务质量的决定因素关键在于人的资源。因此，酒店企业将会更多地采用以人为本的管理方式来处理企业与员工的关系。人本管理的最终目的不是规范员工的行为，而是要在酒店企业内部创造一种员工自我管理、自主发展的新型人事环境，充分发挥人的潜能。

因此，未来的酒店企业将会更加注重提高员工的知识含量。在人员培训上，将越来越注重国际化的培训，同时要将人员培训作为一种“投资”观念。在酒店企业内部，将会建立一套按能授职、论功行赏的人事体制，通过员工的合理流动，发挥员工的才能；通过目标管理，形成一套科学的激励机制，在企业内部做到自主自发；通过酒店企业文化，利用文化的渗透力和诉求力，培养员工忠诚度，确保酒店企业人力资源的相对稳定。

（二）酒店人员的职业化

目前对于酒店企业而言，已经形成一套相对成熟的运行机制和管理机制，专业化管理的水平要求不断提高，特别是在竞争全球化的背景下，要求有一种国际型、创新型、复合型的职业经理群体。目前酒店管理已然成为世界十大热门行业，酒店管理人员在中国十大百万年薪职业中排名第六（2011 年统计）。在这种背景下，职业酒店人应运而生。他们一般具备丰富的酒店管理经验、崇高的道德品质、优秀的经营意识、良好的心理素质、宽阔的知识结构，凭借这些资本，他们成为各大酒店趋之若鹜的追求目标。为强化从业人员的责任意识和风险意识，年薪制成为 21 世纪酒店人才管理的主要特征之一，它将个人收入的高低和酒店收益的大小直接挂钩，使得个人和企业成为息息相关的命运共同体。为培育更多的优秀职业酒店人，酒店企业在对人力资源进行开发时，应根据市场的实际需求灵活调整培训方式、培训重点，除了加强一般的酒店管理知识外，还应分析、学习国际化的管理经验，并进行创新能力的开发和锻炼，培养一专多能的复合型人才。

（三）酒店发展的可持续化

自20世纪90年代以来，可持续发展的观念已日渐深入人心，很多酒店都已把它提到议事日程，并掀起了创建“绿色酒店”的热潮。

有很多酒店认为，坚持可持续发展就是指要节省能源，减少污染，保护环境。其实，可持续发展不仅仅是环保问题，它应成为酒店面对激烈的市场竞争而采纳的一种新的经营理念。

目前，在酒店业的发展过程中也存在着很大的浪费，考虑到社会和顾客的长期利益，酒店业将逐步走上一条可持续发展的道路。可持续发展要求酒店企业在发展过程中，不应以短期的、狭隘的利润为行为导向，而应具备强烈的社会意识和环保意识，讲义求利，考虑到顾客、酒店、员工、社会等各个方面的利益，将酒店企业、顾客利益与整个社会的长期利益作为酒店发展的最终目标。可持续发展对于酒店行业来说是一种趋势，也是一种社会责任。

可以预见：将会出现大量的绿色酒店。节约能源，减少消耗，保护环境，倡导绿色消费，提供绿色服务，也将成为我国酒店业发展的重要战略。

（四）市场竞争的品牌化

随着酒店服务对象的日益成熟、感性消费时代的来临以及酒店市场的日趋规范化，在全球经济一体化的大背景下，国际上拥有著名品牌的酒店集团开始大量登陆中国酒店市场，中国酒店业将进入品牌竞争的时代。品牌竞争是以客人的满意度、忠诚度和酒店的知名度、美誉度为核心的竞争，其关键点是如何把握消费时尚，抓住消费者的心理，打动消费者，把自己的品牌根植于消费者的心目中。所以，品牌竞争实际上就是通过消费者的满意最大化达到市场份额和经济效益的最大化。

在现在的酒店业中，经济型酒店和豪华型酒店各占半壁江山，今后谁能主导市场还不好说，但两者的共性都是依托大型品牌酒店集团或管理公司发展，由此可见集团之间的竞争已成为酒店业发展的主流，因此品牌竞争在集团的参与下势必越演越烈。

品牌竞争要求酒店企业必须增强品牌意识，注重品牌的设计和推广，坚持以过硬的质量作为品牌竞争的基础，以独特、新颖、鲜明、引人入胜的形象作为品牌竞争的标识，以灵活多变的公关宣传作为品牌拓展的手段，以合理的价格作为品牌含金量的尺度，并以深厚的文化底蕴作为品牌的生命，从而在消费者的心目中确立酒店的品牌形象。

知识链接

一、全球十大酒店集团

1. 希尔顿酒店集团公司（Hilton Hotels Corporation，HHC）

旗下主要品牌：希尔顿（见图1-66）、康莱德（见图1-67）、斯堪的克（见图1-68）、双树（见图1-69）、大使套房酒店、家木套房酒店、哈里逊会议中心、庭园旅馆、汉普顿旅馆、希尔顿度假俱乐部等。

图 1－66　希尔顿

图 1－67　康莱德

图 1－68　斯堪的克

图 1－69　双树

集团简介：希尔顿国际酒店集团（HI）为总部设于英国的希尔顿酒店集团公司（HHC）旗下分支，拥有除美国外全球范围内“希尔顿”商标的使用权。美国境内的希尔顿酒店则由希尔顿酒店集团公司（HHC）拥有并管理。希尔顿国际酒店集团经营管理着 403 家酒店，包括 261 家希尔顿酒店、142 家面向中端市场的斯堪的克酒店，以及与总部设在北美的希尔顿酒店管理公司合资经营的、分布在 12 个国家的 18 家康莱德酒店。

2. 圣达特集团（Cendant Corporation）

旗下主要品牌：豪生（见图 1－70）、天天等。

集团简介：圣达特集团是世界上首席的服务业销售公司，世界财富 500 强之一、全美 50 强企业之一；经营范围主要包括旅游服务业，在酒店方面集中了 9 个全美知名品牌，在全世界拥有 6 000 余家酒店，超过 55 万间客房；在全球 100 多个国家和地区管理着 3 500 多个分时度假酒店；集团注重拥有的这些知名品牌在国际市场上的开拓，并发挥集团优势，利用各服务行业的互补，使其更具竞争力。

图 1－70　豪生

3. 洲际酒店集团（Intercontinental Hotels Group）

旗下主要品牌：洲际（见图 1－71）、假日（见图 1－72）、皇冠（见图 1－73）、智选、华邑等。

集团简介：洲际酒店集团（见图 1－74）是亚太地区及全球最大并拥有最多酒店品牌的酒店管理公司。它在 100 多个国家里拥有、运营及管理的酒店有 4 643 家，酒店客房超过 67 万间（截至 2013 年）。在亚太地区，洲际酒店集团在 23 个国家经营着 160 多家酒店。洲际酒店集团是一家英国公司，每年接待的客人超过 1.5 亿，以为旅客提供客房为主，并拥有有限的餐饮设施。

图 1－71　洲际

图 1－72　假日

图 1－73　皇冠

图 1－74　洲际酒店集团

4. 万豪国际酒店集团公司（Marriott International，Inc. Hotels）

旗下主要品牌：万豪（见图 1－75）、万丽、万怡（见图 1－76）、万豪居家、万豪费尔菲得、万豪唐普雷斯、万豪春丘、万豪度假俱乐部、丽思·卡尔顿（见图 1－77）等。

集团简介：万豪国际酒店集团是全球首屈一指的国际酒店管理公司，在美国和其他 69 个国家及地区拥有 2 800 多个业务单位。万豪国际酒店集团的总部设于美国首都华盛顿，雇用约 128 000 名员工。其 2003 财年的营业额达到 90 亿美元。

图 1－75　万豪

图 1－76　万怡

图 1－77　丽思·卡尔顿

5. 精品国际饭店集团（Choice Hotels International）

旗下主要品牌：Clarion（见图 1－78）、Comfort Inn、Comfort Suites 等十一大系列知名酒店名牌。

集团简介：精品国际饭店集团，又译为精选国际饭店集团，成立于1939年，总部位于美国的马里兰州。它在世界上48个国家连锁经营5 132家酒店并发展了一系列国际知名酒店品牌，从经济型消费到高消费，从基本服务到高档次的娱乐享受，各种服务无所不包，能够满足社会各阶层人士的需求。

6. 最佳西方国际酒店集团（Best Western International）

旗下主要品牌：最佳西方（见图1－79）。

图1－78　Clarion

图1－79　最佳西方

集团简介：1946年，拥有23年管理经验的旅馆业主Guertin建立了最佳西方汽车旅馆，目前就单个品牌来说是世界第一大酒店集团。

7. 雅高集团（ACCOR）

旗下主要品牌：索菲特（见图1－80）、诺富特、美居酒店、雅高套房饭店、宜必思（见图1－81）、一级方程式汽车旅馆、红屋顶旅馆等。

集团简介：法国雅高集团（见图1－82）是全球知名的酒店集团之一，“雅高”法语意为和谐。雅高集团旗下共有14个品牌，其中7个为核心品牌，以高品质的设施和全面周到的服务获得了极高声誉。

图1－80　索菲特

图1－81　宜必思

图1－82　雅高集团

8. 香格里拉酒店集团

旗下主要品牌：香格里拉酒店（见图1－83）。

集团简介：香格里拉酒店以香港为大本营，目前已是亚洲地区最大的豪华酒店集团，且被视为世界最佳的酒店管理集团之一。集团的47家酒店遍布亚洲和中东地区的主要城市以及大部分度假胜地。其中7家为商贸饭店，它是香格里拉酒店集团的另一酒店品牌。

图 1-83　香格里拉酒店

9. 喜达屋国际酒店集团（Starwood Hotels & Resorts Worldwide）

旗下主要品牌：圣·瑞吉斯（见图 1-84）、精选、喜来登（见图 1-85）、威斯汀、福朋及 W 酒店（见图 1-86）。

集团简介：喜达屋国际酒店集团（见图 1-87）是全球最大的饭店及娱乐休闲集团之一。1998 年，喜达屋收购了威斯汀饭店度假村国际集团和它的几个分公司（包括威斯汀和威斯汀联合公司），还收购了美国国际电话电报公司，并取名为 Sheraton Holding Corporation。1999 年 10 月，收购了维斯塔那股份有限公司（更名为喜达屋度假住房所有权股份有限公司），这一切使得喜达屋集团在众多饭店及娱乐休闲集团中处于领先地位。喜达屋集团运用直接或间接由其子公司管理的方法来经营饭店和娱乐休闲业务。

图 1-84　圣·瑞吉斯

图 1-85　喜来登

图 1-86　W 酒店

图 1-87　喜达屋国际酒店集团

10. 凯宾斯基国际酒店集团

旗下主要品牌：凯宾斯基酒店（见图1-88）。

集团简介：凯宾斯基国际酒店集团始建于德国，已有一百多年的历史，是传统的欧式风格饭店的典型代表。凯宾斯基酒店大多坐落于风景优美、令人向往的城市。在经营上，凯宾斯基的理念是：充分满足客人。为了充分满足客人的需要，凯宾斯基推出了“金钥匙”全能服务项目。

图1-88　凯宾斯基酒店

二、中国十大酒店集团

1. 锦江国际酒店管理有限公司（上海）

锦江酒店获许可使用享誉中国的锦江（见图1-89）、锦江之星（见图1-90）、商悦、百时快捷酒店（见图1-91）、锦江白玉兰（见图1-92）商标。

图1-89　锦江

图1-90　锦江之星

图1-91　百时快捷酒店

图1-92　锦江白玉兰

2. 港中旅酒店有限公司（香港）

旗下品牌：维景酒店、维景国际大酒店、旅居和旅居快捷（见图1-93）。

图 1－93 港中旅酒店有限公司（香港）品牌

3. 首旅建国酒店管理有限公司（北京）（见图 1－94）

旗下品牌：建国饭店（见图 1－95）。

图 1－94 首旅建国酒店管理有限公司（北京）

图 1－95 建国饭店

4. 南京金陵酒店管理有限公司（江苏）

旗下品牌：金陵饭店（见图 1－96）、金一村（见图 1－97）。

图 1－96 金陵饭店

图 1－97 金一村

5. 浙江开元酒店集团（浙江）（见图 1－98）

旗下品牌：开元名都（豪华商务酒店）、开元度假村（豪华度假村）、开元大酒店（高档商务酒店）、开元·曼居酒店（中档商务酒店）、大禹·开元（文化主题类酒店）五大产品系列。

图 1－98 浙江开元酒店集团（浙江）

6. 广州岭南花园企业集团有限公司（广东）

旗下品牌：岭南花园酒店、岭南东方酒店、岭南精英酒店、岭南佳园酒店、岭南佳园度假酒店、岭南国际公寓（见图 1－99）。

图 1－99　岭南酒店系列

7. 山东蓝海酒店集团（山东）

旗下品牌：凤都国际、远大国际、颐正、蓝海大饭店（见图 1－100）、钟鼎楼（高端餐饮品牌，见图 1－101）。

图 1－100　蓝海大饭店

图 1－101　钟鼎楼

8. 粤海（国际）酒店管理集团有限公司（广东）（见图 1－102）

旗下品牌：粤海酒店。

9. 湖南华天国际酒店管理有限公司（湖南）

旗下品牌：华天大酒店（见图 1－103）、华天之星。

图 1－102　粤海（国际）酒店管理集团有限公司（广东）

图 1－103　华天大酒店

10. 海航国际酒店管理有限公司（海南）

旗下品牌：唐拉雅秀（见图1-104）、海航酒店（见图1-105）、海航商务酒店、海航国际商务酒店、海航快捷酒店、海航迎宾馆。

图1-104　唐拉雅秀

图1-105　海航酒店

【任务评价】

评价内容	评价方式			评价等级
	自评	小组评议	教师评议	
1. 掌握酒店的分类				
2. 掌握现代酒店的发展趋势				
3. 了解国内外知名酒店集团及LOGO				
总　评				

【拓展与练习】

一、拓展任务

拓展任务1——寻找身边的百年老店。

利用课余时间，通过网络、图书馆或其他途径，收集我们生活的地方有哪些“有故事”的百年老店（可以是省内、市内），以小组为单位进行汇报，让我们一起穿越到那个年代，来感受一下那个年代、那个酒店的风情。

拓展任务2——豪华酒店VS经济酒店。

组织一次校外课堂教学，联系参观一家五星级商务酒店和一家经济型连锁酒店。详细记录两家酒店大堂、餐厅、标房设施设备的异同点，在条件允许的情况下，采访酒店的销售主管和人事主管，了解酒店的客源市场和近期发展情况，结束后以小组为单位进行一次以“豪华型酒店与经济型酒店之比较”为主题的汇报。

二、思考与练习

1. 什么是饭店（酒店）？其国际标准定义是什么？
2. 东西方最早的酒店形态是什么？各有什么特点？
3. 酒店的发展史经历了哪些时期？各时期有什么特征？
4. 请你说出酒店发展史上的知名人物，并说明他们各有哪些业绩。
5. 酒店的分类有哪些？你认为目前主流的是哪些类型？请说出你的理由。
6. 简述现代酒店的发展趋势。
7. 利用课余时间查找并收集本项目中提及的知名酒店的 LOGO，并调查本地区的哪些酒店是由本项目中所提及的饭店集团管理的。

【项目小结】

本项目任务一运用中西方酒店发展史穿插的方法，以举例的方式详细介绍了酒店发展的古往今来，用百年老店的故事突出了酒店历史的文化性；任务二主要介绍现代酒店类型和发展趋势。总的来说，本项目主要阐述了酒店的昨天、今天、明天。

项目二　井然有序的小社会

学习目标

◎ 掌握大中小酒店的部门分类与管理架构
◎ 了解酒店各个部门各个岗位职责
◎ 了解酒店部门之间人员分配和协调组织
◎ 了解酒店企业文化与员工业余活动

任务一　了解——结构完善的组织机构

【情境导入】

A酒店过去是一家市政府所属的高级招待所，经过更新改造以后，升级为四星级酒店，但酒店的组织机构基本上沿袭了招待所的模式。为了加强销售工作，酒店增设了公关销售部。由于过去销售工作由客房、餐厅和各业务部门分别去做，这一格局现在并未打破，所以这样便出现了酒店所有部门都有销售指标、各个部门一同出去跑推销的局面。有时为了争取同一个客户，各部门轮番争抢，出现内部竞争。这种状况弄得有些客户莫名其妙。他们认为如此混乱的管理不可能提供良好的服务，因此打消了与A酒店合作的念头。在公关销售部，每个人的工作都由销售额目标决定，只要你能完成定额，无论你找什么客户都行。结果造成一位销售人员前两天刚来推销，而另一位销售人员今天又登门推销，而且每个销售人员报的价格并不完全相同，弄得客户不知所措。另外，由于经常出现内部竞争，致使销售部与其他部门之间、销售部内部员工之间，经常因为争客户而发生矛盾，影响了酒店内部的协调和合作。

请问：A酒店在组织机构设置上存在什么问题？

【知识预备】

现代酒店组织机构，就是为实现酒店经营管理目标，由许多相互联系、彼此合作的部门和人员共同形成的一个有机的整体。它是在人员分工、职能分化的基础上形成的一种组织形式，其特点为：

一、职权分离，互相制衡

组织机构的作用是运用权力来协调酒店管理中的各种关系。而组织权力因组织机构的等级层次不同，权力大小亦不同。同样，管理人员在组织机构中的职位高低和工作岗位不同，其权力大小也不一样。组织机构是一种群体活动，因此，在酒店管理中，“职权分离，互相制衡”是组织机构的显著特点。

二、一体三面，协调配合

所谓“一体”是指酒店的组织机构和组织管理是一个整体。它要求机构设计从整体利益出发形成系统，各级机构及各岗位主管经理的职权分工也要从整体利益出发，形成一个分工明确、职权清楚、互相制衡又互相协调的整体。所谓“三面”是指酒店组织机构同时具有三个层面：一是具有清晰的职位，各级、各岗的层次、顺序、职责规范十分清楚；二是具有流畅的信息沟通渠道，组织机构中的信息系统、信息管理制度健全；三是具有协调与配合精神，组织气氛要和谐，能够用组织手段来保证组织目标的实现。

三、目的明确，适应环境

酒店设置组织机构的目的就是完成经营管理任务。在这一总目标下，各级组织机构的等级不同，其具体目的和管理任务也不同。因此，酒店组织机构的设置、各级组织和各岗人员的安排，都要以目标、任务为基础，日常的组织管理工作也要以组织目的为基本出发点，保证目的明确、任务清楚。与此同时，酒店组织机构又要适应环境。它包括两个方面：一是组织机构设计时，要充分考虑国家和地方政府的有关政策和要求、酒店所处的市场环境、市场竞争状况、酒店性质和投资结构等，以保证组织机构设置及其人员安排、岗位职责规范等与客观外界环境相适应；二是当酒店外界环境，包括国家和地方的经济环境、市场环境、酒店性质和投资结构等变化时，酒店的组织机构设计、人员安排、岗位职责等也要随之变化。

【知识情境】

一、酒店组织机构设置的依据

（一）投资结构

投资结构是酒店经济性质和产权关系的本质体现，它常常决定着酒店组织管理模式和组织机构的形式。特别是投资结构不同，反映投资主体意识和要求的酒店高层管理人员的结构也必然不同，它们必然决定和影响酒店组织机构的设置及管理工作。所以，投资结构是酒店管理组织机构设置的主要依据之一。

（二）酒店规模

酒店规模是由客房数量、餐厅类型和座位多少、商场分割面积和经营种类、康娱服务项目的多少和同一时段的接待能力等多种因素决定的。酒店规模直接决定酒店组织管理的层次多少、管理大小和部门设置多少、用人多少等各个方面，是酒店组织机构设置的又一重要依据。

（三）星级高低

酒店星级越高，设备越豪华，经营管理和服务质量的要求就越高、越细致，用人也就相对越多，必然加大酒店组织机构规模。所以规模相同的酒店，星级高低、豪华程度不同，其组织机构的形式、岗位设置等都有较大区别。

（四）服务项目的多少

酒店服务项目的多少直接影响其综合性程度的高低。两家建筑面积相同的酒店，服务项目越多的其综合性越强，其所设置的领班或主管人员必然增加，从而扩大组织规模，增加经营管理的难度。

二、酒店组织机构的设置

现代酒店组织的机构设置和职权分配，由于各酒店的规模和性质不同，不必强求统一，但基本要求是一致的。一般说来，是根据酒店为宾客提供的各种产品和服务来设置的。

按照酒店各部门的性质，可划分为营业部门、职能部门和其他部门。

三、酒店的组织结构类型

按照酒店的经营特点及组织设计原则，现代酒店的组织结构类型主要有直线制组织结构、直线职能制组织结构、事业部制组织结构和矩阵式组织结构四种。

（一）直线制组织结构

直线制组织结构（见图 2－1）是最早、最简单的一种组织结构形式。其特点是酒店内各种机构和部门按照纵向系统直线排列，形成自上而下的指挥系统，每个下属只接受一个上级的直接领导。

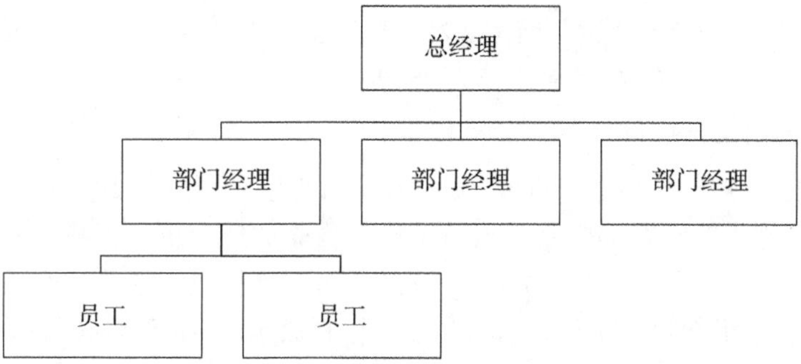

图 2－1 直线制组织结构

直线制组织结构的优点：第一，机构简单，决策迅速；第二，职责清楚，权限明确，责任心强；第三，权力集中，上下联系简捷。直线制组织结构有利于统一指挥，提高组织效率。

直线制组织结构的缺点：一是要求酒店经营管理人员具有全面的经营管理知识和业务能力，并具有较强的综合协调能力和指挥能力；二是由于集权过多，缺乏横向的协调和配合，一旦酒店经营规模扩大或产生复杂问题，就会出现不适应状况。因此，这种形式一般只适用于规模较小、员工人数不多的小型酒店。

（二）直线职能制组织结构

直线职能制组织结构（见图 2－2），也称为直线参谋制组织结构。它是在“直线制”和“职能制”的组织结构基础上发展而来的，以纵向统一指挥为主，职能参谋为辅。如今，我国大多数酒店企业采取这种组织结构形式。

直线职能制组织结构的优点：第一，既有利于整个酒店的统一指挥，又能充分发挥职能部门专业化管理的作用，从而提高经营管理水平；第二，有利于加强直线行政领导的权威，提高酒店经营活动的有效性和高效性；第三，有利于突出酒店经营管理的主次，发挥专业管理人员的作用，提高酒店专业管理水平；第四，有利于培养有较强行政指挥能力的综合管理人员，特别是酒店总经理、部门经理层的管理人员。

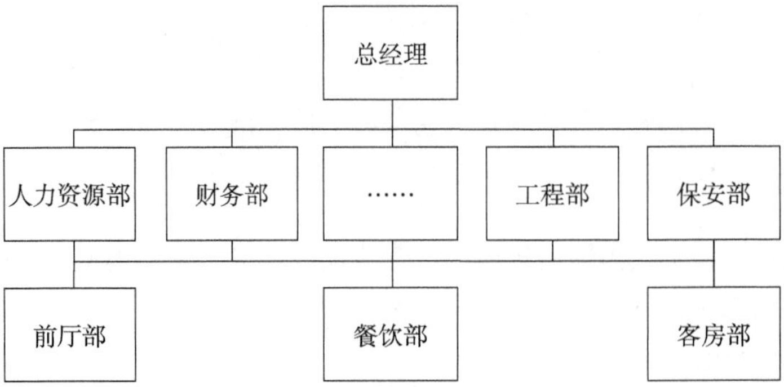

图 2－2　直线职能制组织结构

直线职能制组织结构的缺点：一是行政领导容易包揽一切事务，而职能管理部门的作用发挥不够，各职能部门之间横向沟通和协调性差；二是在业务指导上直线领导与职能部门会出现一定的矛盾冲突。特别是当酒店经营规模进一步扩大，市场竞争剧烈，经营情况复杂时，这种形式不能适应酒店经营发展的需要。

（三）事业部制组织结构

事业部制组织结构（见图 2－3），又称为部门化组织形式，其特点是在酒店总经理统一领导下，把酒店各经营部门划分成若干相对独立的经营单位，授予相应的权力，独立从事经营活动，是一种实行集中决策、分散经营的分权组织结构。目前，国外的大型企业普遍采用这种组织结构形式，我国的一些酒店或酒店集团也采取这种组织结构形式。

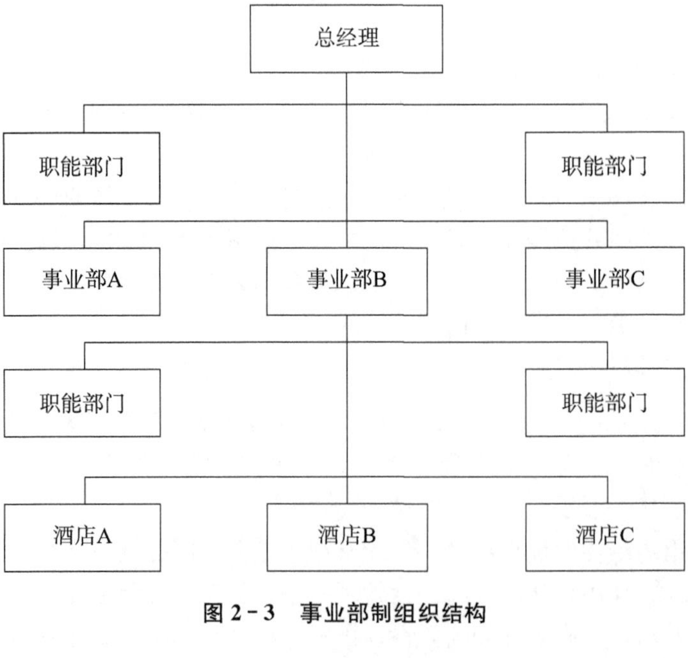

图 2－3　事业部制组织结构

事业部制组织结构的优点：第一，有利于酒店高层管理人员摆脱日常行政事务，集中精力抓好酒店的经营发展战略和重大经营决策；第二，有利于面向市场、分散经营，提高酒店经营管理效率，增强酒店的应变能力，提高服务质量和水平；第三，有利于考核各事业部的经营业绩，促进各事业部之间进行比较和竞争，调动各方面的积极性和主动性；第四，有利于培养独立的、全面的主持酒店经营管理工作的高级经营管理人才。

事业部制组织结构的缺点：一是各事业部之间容易形成部门狭隘观念，而忽略酒店整体利益；二是部门之间横向协调差，不利于人才的流动；三是机构重叠而导致管理费用增加、利益协调困难等。因此，应根据酒店实际情况灵活采用相应的组织形式。

（四）矩阵式组织结构

矩阵式组织结构（见图 2－4）有纵横两套管理系统，把酒店的管理部门分为传统的职能部门和为完成某项专门任务而由各职能部门派人参加联合组成并指派组长负责领导的专门小组，任务完成之后，小组成员各自回到原来部门，这样，若干职能部门所形成的垂直领导系统，以及为完成专门任务而形成的若干任务小组的临时系统，就组成了两个矩阵式的组织系统结构。目前酒店业采用矩阵式组织结构的主要是一些酒店集团公司或输出管理的一些大型酒店。

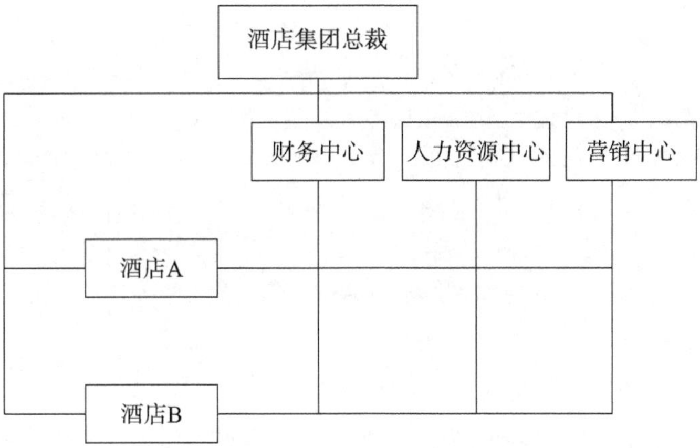

图 2－4　矩阵式组织结构

矩阵式组织结构的优点：第一，既能保证完成任务，又能充分发挥各职能部门的作用。第二，能集中各部门专业人员的智慧，互相学习，协调促进，加强组织的整体性。第三，加快工作进度。第四，避免各部门的重复劳动，以缩减成本开支。第五，管理方法和管理技术更加专业化。第六，打破酒店内部的部门界限，便于内部不同部门之间的协调。

矩阵式组织结构的缺点：一是任务负责人的责任大于权力。因为参加任务的每个人都来自不同的部门，隶属关系仍在原部门，由于临时参加该任务，故没有打破等级制，这种双重领导的状况容易延误决策时机。二是矩阵结构需要酒店内部一种合作的文化来支持，这是矩阵结构比较难于有效实施的原因。酒店的组织结构类型比较多，采取何种组织结构要根据酒店经营的需要，从自身的实际出发。

知识链接

锦都皇冠酒店的机构设置

江西锦都皇冠酒店是一家四星级酒店，酒店开业以来，先后获得“南昌六大最美高楼”之一、“南昌市十大新建筑”之一、江西十佳酒店之“最佳品牌酒店”等荣誉称号。

锦都皇冠酒店根据需要，设置了以下部门机构：

总经理室——全面负责酒店经营管理的领导机构，是酒店经营管理的决策和控制中枢。

行政办公室——总经理室的办事机构，是处理酒店经营管理活动中具体事务性工作的综合协调职能部门。

人力资源部——酒店人力资源管理机构，具有行政人事、劳动工资、系统教育培训等管理职能，是为员工提供就餐、住宿、更衣、洗浴、医疗、健康娱乐场所的后勤服务和管理部门。

计划财务部——负责酒店经营预算计划及决算、财务管理、财产物资管理等强化统一管理的职能部门，是为宾客提供出纳兑换服务的业务部门，也是负责为酒店提供仓储服务的部门。

市场营销部——负责酒店的公关宣传、营销、市场调配和管理、旅行社和团队、商务散客、政府机构的销售管理和服务部门。

房务部——负责总台接待、商务中心、行李服务、总机话务及协调与处理宾客关系、接受宾客投诉等工作，同时负责房务中心日常运作与服务、楼层服务与管理、公共卫生管理、布件洗涤管理和绿化管理的经营管理部门。

餐饮部——提供餐饮综合服务产品的经营管理部门。

保安部——负责酒店治安、消防安全的综合治理的管理部门。

工程部——综合管理酒店设施、设备的职能部门。

采购供应部——负责酒店各类物资供应采购以及管理和服务的部门。

企业文化部——负责酒店企业文化资料的汇集、编纂，酒店企业文化的宣传和推广，质量管理和监督检查管理的职能部门。

电子商务部——负责国内酒店用品市场业务、销售平台（酒店用品网）产品及增值服务的职能部门。

【任务评价】

评价内容	评价方式			评价等级
	自评	小组评议	教师评议	
1. 了解酒店组织机构的特点				
2. 掌握酒店组织机构的设置				
3. 掌握酒店组织结构的类型				
总　　评				

任务二 初记——清晰明确的岗位职责

【情境导入】

酒店总经理的一天

7:30—8:00 巡视检查工作

“一日之计在于晨”，总经理每天早晨上班后对饭店的巡视检查工作十分重要。通过巡视工作，可以了解饭店各部门各岗位员工的工作状况，还可以检查各岗位员工是否工作到位、精神饱满。经常接触各部门的员工，有助于大家留下对总经理的美好印象，同时在巡视过程中发现的问题可作为每日工作晨会的素材。

8:00—8:30 案头批阅工作

总经理的案头工作之一是阅读报刊，了解和掌握国内外当天及近期重大新闻和有关信息，特别是国内外一些旅游市场信息和饭店管理服务方面的信息，可为总经理决策提供思路。

另一项案头工作是阅读饭店运转管理方面的各类经营报告，了解饭店的经营运转情况。总经理每天要阅读的报告有：每日营业日报、每日出租率报告、每日水电气的能耗日报、每日餐饮成本报告、当日抵店客情预报、当日抵店的 VIP 客情报告、营运质检（大堂、餐饮、安全、设备状况）报告、一周客情预报、一周 VIP 客人报告、一周宴会计划、一周会议计划、一周团队安排计划、一周重大接待活动情况报告。

案头工作还包括阅批各类工作文件。一些重要的事情和工作，一定要通过书面行文上报、总经理阅批后下发执行，这充分体现了饭店运转管理的规范化和程序化。

最后一点时间用于与大堂副理的工作晤谈。大堂副理出示每日的工作日志，经总经理阅批，寻求解决问题的办法和对策。

8:30—9:00 每日工作晨会

从某种意义上说，饭店日常运转管理工作，是从晨会开始的。晨会工作程序：

各相关部门通报（财务/前厅/销售/工程/保安/其他）→各部门提出部门整体运作协调事宜→总经理做出相应工作指令→部门落实跟进措施。

9:00—9:30 部门碰头会

根据晨会遗留事宜立即召集相关部门主管讨论决定有关事宜，有关跟进措施在第一时间出台。

9:30—11:00

根据每日工作晨会和部门碰头会的内容，总经理做相应案头处理工作，及时布置实施。主要内容是前次晨会未尽事宜和当日晨会提交事宜。

11:00—11:30

在做完案头工作后，约见部门主管，处理其部门承办、跟进、协调事宜。

11:30—12:00

巡视饭店对客营运服务系统（餐厅/案会/会议/前厅/大堂/其他营运区域）。这段时间是饭店营运的高峰，住店和非住店客人消费相对集中，此时正是检查饭店各主要营运部门服务质量的契机。

12:00—13:00 午餐/休息

13:00—13:30 案头工作

根据中午巡视所掌握到的第一手信息资料下达相关工作指令。

13:30—15:00 参加部门系统运转会议

总经理可选择性地参加系统运转重要会议。总经理参加饭店有关系统运转会议，通过对各部门互通情况，发现、协调、解决各相关部门协调上的问题与矛盾，总经理当场解决部际协调事宜，但不宜作为会议主持者下达工作指令。部门系统运转会议须形成纪要、备忘在案。

15:00—16:30 对外联络工作，拓展业务

饭店总经理有时还要起到公关宣传及促销的作用。拜访当地政府和有关主管部门，通报饭店经营管理情况，征得各方面的支持和协作，并走访当地业界及企业，与特殊客户增进友谊和感情，宣传饭店产品，取得一定的社会影响。

16:30—17:30

案头工作，或在饭店公共消费区域做休闲式晤谈。这段时间是总经理与饭店行政人员沟通和增进感情的最佳时期，以帮助解决他们思想上、工作上的问题。

17:30—18:30

拜访、约见住店 VIP 客户。饭店总经理经常拜访、约见重要客人，让他们感到有被人重视的感觉，可起到推销、公关的作用。

18:30—20:30

诚邀 VIP 客人共进晚餐。总经理接待会见客人要有重点、有范围。礼节性的会见、拜访，如 VIP 宾客抵、离店时的迎来送往，主动看望 VIP 客人；促销性的拜访、会见和接待，与海内、外旅行社经理及代理商交谈就属于这一类；征求意见、改进服务管理工作的拜访、会见，如主动征求常住客人和团队陪同的意见等。

20:30—23:00 自主安排工作和生活

繁忙的一天快过去了，为了更好地拓展未来的工作，可以总结一天的工作。

23:00—24:00 饭店夜间巡视

总经理此时的巡检工作以饭店后台为主，以安全为重。

【知识预备】

一、酒店组织管理的层次

在酒店组织结构中，一般可以分为三个管理层，即决策管理层、职能管理层和基础管理层（见图 2-5）。

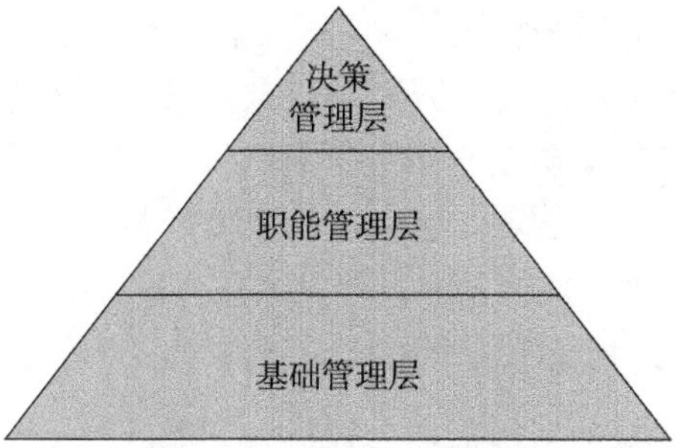

图 2-5　酒店组织管理层次

（一）决策管理层

决策管理层又称为最高管理层，由酒店总经理及其助手组成。它是站在酒店整体立场上，对酒店进行全面、综合管理，负责对酒店经营管理活动进行全局性策划和组织指挥的管理层。其主要职能是：确定酒店的经营目标和经营方针，决定酒店经营发展规划和组织结构，协调酒店和政府、税务、银行以及其他企业之间的关系，确定酒店管理制度，协调酒店内部各子系统之间的关系。

（二）职能管理层

职能管理层又称为专业管理层，它是处于最高管理层和基础管理层的中间管理层，是帮助决策管理层参谋决策的职能管理层，承担各自专业职能管理职责。对决策管理层而言，他们是领导的参谋和助手；对基础业务系统而言，他们则对基础管理层起着指导、控制、监督、协调作用。现代酒店的专业职能经营管理机构主要有餐饮、客房、工程、销售、财务和人事等部门。职能管理层的设立，使许多从事经营管理的人员在各自的岗位上发挥专业职能作用，既有利于酒店管理专业细分，也有利于酒店经营管理整体功能的发挥。

（三）基础管理层

基础管理层包括执行管理层和作业管理层，位于酒店经营管理的基层，直接面对一线员工进行现场管理。其主要职能是：执行酒店经营目标、方针和各项重大决策；组织酒店经营活动并进行经营过程的现场管理；对服务人员进行直接指挥、激励和协调、控制；落实酒店各项基础管理工作等。基础管理是酒店经营管理工作的奠基性工作，酒店综合管理和专业管理工作的开展以及整体功能的发挥，都有利于基础管理工作的巩固和完善。

二、酒店组织结构的变革

现代酒店组织结构的变化趋势，主要体现在以下两个方面。

（一）从竖式结构向扁平式结构转变

在传统的竖式饭店组织结构中，酒店从上到下严格分工，形成垂直的层级体系。这种体系严重影响饭店内部各类信息的畅通流转，并导致信息在传递过程中失真。

扁平式组织结构要求最大幅度地消减中间层，使组织结构顶端到结构底部之间的层次数量减少，组织的管理幅度加宽，使酒店组织结构由“高深”变成“扁平”。同时，由于一线员工是客人和酒店直接接触的“关键点”，直接决定酒店的服务质量和客人的满意度，因此，在扁平式组织结构中，适当扩大了一线员工的权限。通过这样的结构改革，一方面有利于精简人员，降低管理成本；另一方面，信息在扁平化的组织结构中流转时，由于中间“处理器”的减少，信息的准确度也得到了提高。再者，这种组织结构符合时代要求，更有利于酒店贴近市场，使高层管理者有更多机会接近客人，可以极大地提高酒店服务的质量。

（二）从金字塔结构向葫芦型结构转变

长期以来，金字塔式的组织结构被认为是理想的组织结构。但随着科学技术的发展、人们需求质量的提高，传统的金字塔式组织结构也凸显出许多缺点。随着电子计算机在组织中的广泛应用，管理信息系统的大量建立，高层管理者可将决策结果及命令直接下达给基层管理者，甚至直接下达给作业层的服务人员和操作员工，形成葫芦型组织结构。

在现代酒店业中，由于客人服务需求的提高，要求酒店实行公关、广告、宣传、预订、接待、服务、财务等作业的一条龙服务。这种新的服务形式，将打破传统的部门化分工体制，将酒店组织结构分为两大系统，即前台（作业与服务）系统和后台（作业与服务）系统。这两个系统在电脑系统的支持下进行各项管理作业和一系列服务工作，并在总经理（辅以顾问、咨询、决策系统的参谋支持）的直接领导下进行运作。这样的“一条龙”管理与服务系统，提高了工作效率，降低了经营成本。同时，通过网络可以及时与全球各地客户进行互动联系、沟通，大大提高了服务质量，也减少了酒店的广告费用。

【知识情境】

一、酒店营业部门

酒店营业部门是与酒店的日常经营活动相关并直接为宾客提供产品和服务的业务部门，主要包括前厅部、客房部、餐饮部等。

（一）前厅部

前厅部是酒店经营活动的中心。前厅部的工作始终贯穿于宾客与酒店接触、交流的全过程。其通过预订客房、办理登记手续、安排住宿房间、分发行包、代客储存物品、办理邮电业务、外币兑换、结账等，为宾客提供全面的服务。因此，前厅部人员是“酒店的代表”。前厅部运行和管理的水平不仅反映了整个酒店的工作效率和服务水平，而且直接影响着酒店的经营收益。此外，前厅部还担负着联系和协调酒店各部门工作，并为酒店最高决策层提供决策信息和数据的重任，所以前厅部是酒店组织管理的关键部门和中心环节。前厅部的主要机构有预订处、接待处、问讯处、行李处、电话总机、收银处、大堂副理等。

1. 预订处

预订处要在客人进饭店或者进入饭店前接受客房预订和办理预订手续。根据酒店客房情况，制定报表，对预订进行计划安排和管理，掌握并控制客房出租状况，按要求定期预报客源情况和保管预订资料。

2. 接待处

接待处是前厅最显眼的部门。它主要负责给抵达饭店、要求住店的客人办理住店手续、开房登记、分配客房，并负责联络、接待等事项。

3. 问讯处

问讯处负责回答客人有关饭店提供的各种服务、设施及当地的交通、游览、购物等问题的询问，为客人提供信息，代办客人委托事项，处理客人留言等。

4. 行李处

行李处负责迎送客人，代客人卸送行李，陪客人进房，介绍客房设备、酒店服务项目及相应位置，并为客人提供行李寄存和托运服务，代客人等候出租车辆。

5. 电话总机

总机服务员要及时、快速、准确地为酒店的客人提供信息服务。有些酒店的电话总机还负责转接市内电话、承办国内外长途电话业务以及为客人提供问询服务、联络服务、叫醒服务等。

6. 收银处

收银处人员归属饭店财务部，但工作地点是前厅，负责对客人的费用账目进行分类和收银结账。客人在住店期间的客房、餐厅、酒吧、长途电话等各项服务费用的收款业务都由收银处负责，收银处必须经常同一切有客人消费的部门的收款员和服务员联系，催收核实账单。同时，收款部门还要在夜间审核酒店的营业收入，在交接班时整理与平衡好工作时间内的账目，制作报表，并及时为离店客人办理结账手续。

7. 大堂副理

大堂副理在大型酒店内一般每天 24 小时值班。他直接面向客人，随时为客人排忧解难，并协助解决客人提出的问题。由于大堂副理可以协调各部门的工作，代表酒店处理日常发生的事件，所以对于他归属哪个部门，各个饭店有不同的看法。有的饭店把大堂副理归在前厅部，职务相当于前厅部副经理或者主管，有些饭店则直属酒店管理机构管辖。

前厅部机构的设置应根据酒店规模大小和业务量多寡而定。但基本的原则是保证前厅工作效率和方便客人。前厅部在大中型的酒店往往单独设置，是酒店的主要业务部门之一。小型饭店往往不单独设置前厅部，其业务归客房部负责。

知识链接

职务说明书——前厅部经理

岗位名称：前厅部经理

部门：前厅部

岗位等级：部门经理

报告上级：总经理（或分管的副总经理、房务总监）

下属：前厅部基层管理人员

主要联络部门：销售部、公关部、客房部、餐饮部、财务部、工程部

工作班次：常日班

职责范围：

1. 前厅部的主要日常工作，负责向分管的副总经理汇报工作，认命主管、领班，调配本部门员工，行使对下属的奖惩权。

2. 督导下属部门主管人员，委派工作任务，监督检查执行情况，以便及时调整各项工作部署。

3. 编制部门预算，制订本部门的工作计划，向总经理做部门季度、年度总结汇报。

4. 主持每周主管例会，传达酒店例会工作要点，听取汇报，布置工作，解决难题。

5. 熟悉酒店客房产品的数量、性质，前厅部所有设施的服务功能。通过对客房销售的有效控制及住房比例的合理分配，达到理想出租率，获得最佳收入。

6. 负责本部门与酒店各部门的联系，解决本部门各工作之间出现的矛盾。

7. 检查落实接待重要客人的所有细节。

8. 重视对员工的培训工作，提高其职业水准、知识程度、操作技能、应变能力。

9. 督导检查本部门的安全及消防工作，完成上级交办的其他任务。

任职条件：

1. 具有大专以上文化程度或同等学力。

2. 掌握酒店经营、销售、公关知识，熟悉经济合同、酒店财务管理方面的知识，掌握客源市场预测及市场调研的方法，了解客源竞争的情况。

3. 掌握前厅部各机构运行和管理的业务知识。

4. 有较强的组织协调能力、社会活动能力，有较好的语言文字能力，能起草前厅部的工作报告及工作计划。

5. 熟练掌握一门外语，能流利准确地与客人对话，会操作电脑。

6. 在酒店工作2～3年以上，曾担任过大堂副理、总台主管或客房主管等，且工作成绩突出。

（二）客房部

客房是宾客住宿和休息的场所，也是酒店设施的主体部分。随着现代化旅游业的发展，宾客对客房环境、住宿设施、清洁卫生设备及服务质量等都提出了很高的要求。因此，为宾客提供一个整洁、舒适、安全的房间是客房部的主要任务。客房服务质量和管理水平的好坏，不仅关系到整个酒店的声誉和经营效果，而且直接影响到酒店的经营收入和效益高低，因而必须妥善地搞好客房部管理，不断提高酒店的经营管理水平。

客房部包括客房主管部、楼层服务组、公共区域服务组、棉织品组、洗涤组。

1. 客房主管部

大中型酒店由于客房部拥有的服务人员比较多，客房部需设立专门的领导机构负责客房部日常的行政事务工作。大型酒店的客房部除客房经理、副经理或经理助理各一名外，

还设秘书和主管若干名。

2. 楼层服务组

楼层服务组设总领班一名，早班、晚班楼层领班若干名，下设早班、晚班和通宵三个楼层清洁组及早班、晚班两个楼层服务组，主要负责客房的清洁和客人的接待服务工作。

3. 公共区域服务组

公共区域服务组设总领班一名，早、晚及通宵领班各一名，并设有早班、晚班和通宵各一个清洁组及地面、外窗清洁员若干名，主要负责酒店范围内公共区域的清洁工作。

4. 棉织品组

棉织品组设领班、副领班各一名，另有棉织品及制服服务员若干名，主要负责酒店的棉织品和员工制服的收发、收洗和保管。

5. 洗涤组

洗涤组主要负责客房部棉织品和餐饮部棉织品的洗涤和整理工作。洗涤组在各个酒店的隶属关系是有所不同的。一些大型酒店的洗涤组由工程部管辖。因为大型酒店的洗涤设备比较复杂，它包括折叠机、熨平机、商用洗衣机和烘干机等，使用这些机器要求有一定的技术和技巧。但是，由于客房棉织品占整个酒店棉织品的95%以上，客房送洗又完全是通过客房服务员来进行的，因此，洗涤组如果与客房部分离，必然会造成许多不便，既不利于统一调配和指挥，又影响工作效率和服务质量。

（三）餐饮部

餐饮部是酒店的第二大创利部门，虽然其创利能力通常小于客房部，但该部门所获得的营业收入仍然是相当可观的。酒店餐饮服务的规模不论大小，一般均包括食品原料采购供应、厨房加工烹饪、餐厅酒吧三部分业务活动，因而相应设置的业务部门有：

1. 原料采购部

原料采购部主要负责食品原料的采购、验收、储藏和发放工作。原料采购部工作的好坏对餐饮质量、食品成本及餐饮经营收入的大小均有重要影响。

2. 厨房

厨房是餐饮部的生产部门，为餐厅服务，与餐厅配套。酒店厨房规模和配套情况可视餐厅的规模和种类而定。厨房业务由厨师长负责，下设各类主厨和领班。有些酒店专设膳务部，主管餐厅布置、宴会布置、炊具餐具的洗涤以及清洁卫生工作。

3. 餐厅、酒吧

酒店的餐厅和酒吧是餐饮部的前台服务部门。由于酒店的类别、属性多种多样，所以酒店的餐厅也各具特色。大型酒店通常设有多处餐厅和酒吧设施，如正餐厅、宴会厅、风味餐厅、自助餐厅、多功能餐厅、咖啡厅、扒房、大堂酒吧、鸡尾酒酒廊等。各类餐厅根据其规模和等级，通常设经理、主管、领班三个层次的管理人员。酒吧通常设酒吧经理或主管。许多大型酒店还设有宴会部、餐饮预订部等机构负责餐饮业务的执行、组织和服务。

（四）康乐部

在许多酒店中，特别是度假型酒店，都设有专门的部门为旅游团体和旅游者个人提供康乐活动，其中包括高尔夫球、网球、保龄球、健身、游泳等活动。这些活动均由康乐部组织安排，并设有专门人员负责组织和指导工作。

康乐部还通过向客人提供娱乐设施，保证酒店娱乐活动的正常进行并获得相应的经营收入。康乐部的主管和其他专职人员，一般都具备组织娱乐活动的能力和专长，他们经常为酒店组织一些别开生面和富有吸引力的娱乐活动，满足客人的娱乐要求。

（五）商品部

几乎所有的饭店都设有商场或商品销售点等，大型酒店的商场与市区内的零售商场的经营类似，但由于酒店内部设施水平高，酒店商场内的商品价格通常高于酒店外部同类商品的价格。酒店商场出售的商品，一般以当地特有的旅游商品为主，同时也经营一些日常的生活用品。在有些大型酒店中，商品部属于营业部门，其经营收入在酒店营业总收入中占有相应的比例。

（六）旅游部

现在许多酒店均设有自己组织旅游的专业部门。它一方面为酒店组织客源，另一方面为酒店的客人提供游览观光和继续旅行的各种便利条件。旅行社设有专门的人员负责提供交通工具（车船）、导游、订票等各种专门的业务。

二、酒店职能部门

酒店职能部门是不直接从事酒店接待和供应业务，而是为业务部门服务，执行自身某种管理职能的部门。酒店的人事部、销售部、工程部、安全保卫部、财务部均属于酒店的职能部门。

（一）人事部

人事部的主要职责是为了满足酒店经营管理的需要，协助其他部门负责酒店管理人员和服务人员的选聘、培训及具体的管理工作。人事部是酒店中的一个非常重要的部门，一般直接受总经理的领导和指挥。人事部除设有经理和副经理外，还有专职人员负责人员调配、职工培训、工资管理等。有些酒店的人事部还设有专门的培训机构。

（二）销售部

销售部的主要职责和工作目标是为酒店组织客源。为了保证酒店有充足的客源，销售部的人员要进行市场调研，了解市场需求，掌握客源流向并负责推销酒店产品。

酒店销售部的规模大小是有差异的，有的仅 1 人，有的七八人至 20 多人不等。销售部设经理和主管销售业务的专职人员。有些大型酒店的销售部还设分管旅游销售、会议销售、宴会销售的经理等专职工作人员。为了做好销售工作，酒店总经理也要分出一部分时间来处理销售部的有关事宜。

（三）工程部

工程部的主要职责是负责酒店房屋及设备的维修工作，使酒店的外部及内部装修等保持在完好和较高的水平上，并经常对酒店的各项设备、设施进行修理、保养和更新。工程部还需要按计划对酒店的能源进行有效的管理。

工程部的组织机构包括：工程部办公室（由工程部经理、助理调度员等组成）；锅炉冷冻组（由锅炉房和冷冻机房组成）；电工组（由交配电组与强弱电组组成）；维修组（由综合维修人员组成）；电梯组（由电梯操作、维修人员组成）；土建维修组（由土建、木工、油漆工组成）。也有的酒店只设锅炉、冷冻、水电、土建四组。

（四）安全保卫部

安全保卫部是酒店非常重要的职能部门之一，宾客在酒店中不仅需要良好的食宿服务条件，而且需要一个安全、舒适、宁静的环境。安全保卫部对酒店的各种设施、财产的安全以及宾客的人身和财产安全负有重要的责任。

酒店设有安全保卫部经理和专职的安全保卫工作人员，对全酒店进行 24 小时的安全保卫和巡视。虽然酒店整体的安全保卫工作由安全保卫部的人员负责，但是酒店的所有工作人员和服务人员都应当关心安全工作，并积极参与到安全保卫措施的具体实施中。

（五）财务部

财务部负责处理酒店经营活动中的财务管理和会计核算工作。财务部人员的数量取决于酒店的经营规模。一般来说，酒店财务工作直接由酒店的一位副总经理领导，财务部内部设有经理、副经理、主管会计和会计员、出纳员若干名。

知识链接

职务说明书——财务总监

岗位名称：财务总监

直属部门：财务部

直接上级：酒店总经理

直接下级：财务部副经理

任职条件：

1. 自然条件：身体健康，相貌端正，年龄 35 岁以上。

2. 工作经历：三年以上财务管理工作经验，会计师以上职称。

3. 文化程度：大学专科学历或同等学力以上。

4. 语言水平：良好的公文写作能力，英语水平良好。

5. 其他能力：熟悉酒店各部门有关财务的所有操作流程，具备财会业务实施、管理能力；掌握财税法规及现代金融、会计电算化等知识。

岗位职责与工作内容：

1. 主持并全面负责财务部的行政管理工作，熟悉国家财经法律、法规、规章和方针政策，掌握本行业业务管理知识，在总经理授权范围内，组织和领导好本部门的财务工作。

2. 制定财务部管理规定及会计制度、方法，并组织实施，参与制订酒店经营计划，根据经营计划编制财务计划，并对酒店的经营进行检查、监督，定期向酒店主管部门和总经理报送财务报告和分析报告。

3. 加强财务部管理，编制并执行财务预算，正确、合理、迅速地调度资金，提高资金使用效率，负责监督计算机及会计软件系统的运行，对输入计算机的会计数据（记账凭证和原始凭证等）进行审核，按照会计核算的要求，对酒店的资产、负债及所有者权益进行全面的监督管理，确保国有资产的保值增值。

4. 定期进行财务分析，并提出改进意见，负责审查、监督酒店的物资购进及使用，不断探索降低成本、减少费用、节能降耗的途径。

5. 组织协调内外关系，参与生产经营决策。

6. 考核、控制财务部员工的工作质量。

7. 检查考核财务人员的工作质量，并对其进行奖罚。负责协调财务部与各部门之间的关系，组织本部门的政治和业务学习，主动解决工作中出现的问题，带领本部门员工高效准确地做好财务工作。

三、其他部门

根据我国国情、法律、政治经济体制，酒店还要设置其他机构：一是党组织的领导机构。它要对酒店的经营决策、正常运行、实现组织目标起监督保证作用。二是工会、共青团、妇女组织机构。工会是职工代表大会的常设机构，通过职工代表大会的形式使职工行使民主管理的权利，并维护广大职工的利益。共青团、妇女组织是酒店的群众组织。根据组织章程，它们一方面要从组织成员的特点出发，引导他们在酒店经营活动中发挥积极作用，另一方面要保护组织成员的权益。

【任务评价】

评价内容	评价方式			评价等级
	自评	小组评议	教师评议	
1. 了解酒店组织结构的变化				
2. 掌握酒店各部门各岗位的职责				
总　评				

任务三　追求——浑然一体的部门合作

【情境导入】

华天酒店高起点、高标准的服务管理制度体系

俗话说得好："没有规矩不成方圆。"精致的服务是华天酒店追求的理想境界，但它绝不是凭空而来的。对于服务来说，程序是神圣的、不可或缺的。没有程序，就只有投诉。程序不完善，也难免遭到投诉；程序不精到，服务很难精妙。基于这种认识，华天酒店首先从管理入手，建立了标准化的管理体系。

借鉴国际先进酒店管理精髓、总结华天酒店管理经验的洋洋 120 万字、1 500余页的《现代酒店管理软件标准——华天大酒店管理模式》在华天酒店开业 10 周年之际出版。在此基础上，华天酒店还根据不断发展变化的市场，以及在管理和服务中遇到的新问题，创新地完善了整套管理模式，包括现代的管理体制、先进的质量标准、规范的服务程序和严格的质价体系，并且在不断完善的过程中，不断抓培训，不断抓落实。如在申请加入“世界一流酒店组织”的过程中，酒店遵照该组织 1 500 多个服务细项的检验标准，进一步完善了所有的服务程序。这些年来，华天酒店编制了《华天大酒店服务效率标准》《华天大酒店服务规范》《华天服务教程》《新酒店快乐英语》《美的使者故事会》《总统三鞠躬——感受华天精致服务》等一系列教材和教学片。

在高起点建立完善服务管理标准制度体系的基础上，华天酒店创造性推出了独具特色的日常工作管理每日两问：“今天你按程序做了吗？你检查了吗?”之所以强调这两句话，是为了时刻提醒管理人员认识到自己的责任所在、职业精神所在。对于没有按照这两句话的要求与精神办事而造成工作失误的工作人员，由人力资源部和办公室组成联合调查小组在查明事实后予以重罚。

对于华天酒店这么多的规章制度，大家听了也许会感叹员工工作压力实在太大了，连喘息的时间都没有。其实不然，员工不但不会感到压力，反而觉得是工作的推动力，因为面对许多工作难题时，员工感到有了依靠。

【知识预备】

一、酒店组织管理的含义

酒店组织管理是指酒店对实现目标的各种组织要素和人们在经济活动中的相互关系进行组合、配置的活动。要使组织管理工作规范、科学，就要有组织制度作保证。

二、酒店组织管理的要求

（一）产权清晰，组织管理系统化

所谓“产权清晰”，就是组织机构的最高层要由投资主体、投资人代表组成，主要起重大问题的决策领导和经济监督作用。他们不宜直接从事具体的酒店接待服务和经营管理工作，这些具体的经营管理工作要聘请以总经理为首的职业经理来承担，这样产权关系就十分清楚。产权人只维护产权利益，不参与具体经营管理；经营者只关心经营好坏，不拥有企业财产所有权，并根据他们的能力和经营绩效来获得必要报酬。

所谓“组织管理系统化”，就是要从系统观念出发，从整体利益出发，做好酒店组织机构的设计、人员安排、职权分配，制定酒店管理制度、议事规则、各岗人员的职责规范等，使整个酒店的各项管理和服务工作成为一个系统，从而产生系统效应，获得优良效益。

（二）职权分离，职责规范制度化

现代企业管理的科学性和先进性的突出表现之一就是破除了传统的以“人治”为主的企业管理的随意性。因此，酒店要运用组织机构，做好组织管理工作，必须坚持做到职权分离，职责规范制度化。具体包括以下几个方面：第一，职责规范的制定制度化。即从上到下，每一个岗位都要制定职责规范，以此来规范从总经理、副总经理到各部门经理、各岗位员工的行为规范，并由此形成制度。第二，职责规范的内容标准化。即每个岗位的职责规范的内容都应包括四个方面：一是职位描述——用表格简单介绍职务要求；二是职责规范——明确规定每个岗位的职责、权限和工作规范；三是任职条件——简单列出一个岗位需要的能力和条件；四是考核标准——简单列出完成岗位职责的考核内容，尽可能量化，由此形成标准化管理。第三，职责规范的贯彻实施制度化。即各级各岗位的职责规范一经制定，必须长期贯彻实施。从总经理到各级各岗的人员都可以换，但岗位职责的内容不能随意改变，以此来保证酒店管理及其领导工作的连续性和稳定性。

（三）等级清楚，管理幅度合理化

酒店运用组织手段做好管理工作需要注意以下四个问题：一是酒店组织机构的等级多少要根据企业规模来确定；二是不同等级和同一等级的各岗管理人员的职权划分要清楚明确，不能出现权力不清、职权交叉、互相冲突；三是一个下级只能有一个上级领导，不能出现多头领导、下级无所适从的现象；四是管理幅度要根据实际需要确定。

（四）机构精简，管理工作效率化

精简和效率是现代企业组织管理的基本要求，酒店运用组织机构做好管理工作时要做到以下三点：一要坚持因事设立机构和人员，保证各岗人员工作量饱满，防止人浮于事，影响工作效率；二要建立健全组织管理的信息系统，保证信息畅通，防止中间梗阻，影响领导决策的制定和贯彻落实，造成工作损失；三是对重要工作和信息传递要规定明确的完成时限，各级管理人员只有树立强烈的时间观念，才能提高管理工作效率。

【知识情境】

酒店组织管理是“先框架、后实体，规章制度为管理”。确定酒店组织结构框架后，就要建设组织的实体，即确定酒店组织管理的具体内容。

一、业务的分工与协作

酒店组织管理对实体的建设要先按照分工的原则对业务作专业化划分，同时又要使专业化的组织活动和业务活动保持高度的协调一致性。酒店业务内容差别较大又自成体系，且各业务又是在一定的区域空间进行，因此，酒店业务的分工通常把业务和区域合在一起进行。

（一）制作酒店组织图

酒店组织图是全面反映酒店业务内容、部门组成、业务区域划分、组织结构、权责关系、岗位分工、人员安排的综合图解。组织图的要素有：在明确业务分工的情况下进行一个层次的部门设置；按直线制形式对部门下属业务单元和班组进行设置；对酒店组织作层次划分，包括酒店的基本层次和各部门的层次；职位的规定。组织图的每一个层次、每一个节点都可以作职位的规定。

（二）业务分工及界面划分

业务分工就是把酒店所有的业务按性质不同进行分解，并把分解后的业务划归各部门各层次。酒店业务从大处着眼是泾渭分明、范围明确，但从小处着眼则纵横交错、互相牵扯。为了分清职责，在业务分工后，还要对牵涉两个部门的业务作界面划分。

（三）建立岗位责任制

业务最终要人去完成。什么人、去完成什么工作、达到什么标准，由岗位责任制来规定。

（四）业务的组织联系

业务的组织联系包括酒店的业务设计、连接点衔接和业务信息系统设计。

二、管理人员的配备和使用

（一）用人理念

管理人员的配备就是组织用人。用人就有用人理念。酒店用人理念应是“德才兼备，以德为重”。在德的方面所配备的管理人员要符合管理人员的道德标准，要与酒店同心同德。坚决克服裙带关系等坏风气，选人用人必须克服自我、超越自我。

（二）确定用人标准

酒店选拔管理人员既要考虑共性的标准，又要考虑个体的特性，要把这两者最佳地结合起来。从这点出发，酒店用人的标准应包括三个方面：

(1) 基本素质，包括基本品质、道德意识、学历阅历、个性气质、思想观念等。

(2) 管理能力，包括管理理论、管理思想、管理知识、管理方法，以及心理成熟程度和应变能力。

(3) 业务知识和业务能力，包括本专业知识的深度和广度、酒店各方面的业务知识、与酒店相关的各种业务知识。

（三）管理人员配备程序

管理人员配备应有一套规范的程序，避免按个人意志任命管理人员。具体程序为：

(1) 由该岗位的直接上司提出候选人名单，候选人可以有几个。如是对外或对内公开招聘，则由招聘领导机构提出名单。

(2) 由人事部门和酒店相应层次的管理层对候选人进行考察考核。

(3) 根据管辖层次，由相应的管理层通过集体决策的方式确定该管理岗位的管理人员。

（四）使用和授权

配备酒店管理人员是为了使用，要使用就要对他们授权。使用和授权是组织管理的重要内容。

(1) 管理人员进入角色。组织是一种权责角色结构，组织配备了管理人员，就要让他们进入角色，处于最佳角色状态。管理人员的角色状态越好，管理活动就越有成效。

（2）授权。权力是有效管理的必要条件。根据权力和职责相一致的原则，当管理人员确定后，组织应以明文规定的形式授予管理人员相应的权力。

（3）用人不疑和制约机制。“用人不疑，疑人不用”是组织用人的基本理念。组织应通过行政的、制度的、信息的形式形成对权力的制约机制。

（4）爱护培养，能上能下。对管理人员要爱护培养即酒店要制订人才培养计划，有计划、有步骤地培养和造就管理人员。同时对管理人员要建立能上能下的机制，一方面是为了保证管理的质量和人员的质量，另一方面也是对管理人员的一种激励机制。

（5）严格考核。对管理人员既要关心爱护，也要严格要求、认真考核，即“爱之深，律之严”。

三、任务的分配

组织管理中任务的分配，简单地说，就是把组织目标的具体任务分解落实到各部门。任务分配和业务分工有着密切的联系，组织管理就是把这两者联系在一起做整体性安排。

（一）确定组织目标

酒店是以决策后制订计划的形式确定酒店目标的。酒店计划的主干是计划指标，它是酒店目标的核心。酒店计划还要确定各部门各阶段的目标和业务活动，由此组成酒店的计划目标体系。

（二）分解指标和分配任务

酒店的计划指标和目标是由各部门在进行实际业务过程中完成的。酒店组织管理要在综合平衡的基础上把计划指标进行分解，把分解后的具体指标落实到各部门；根据分解的计划指标、酒店的业务决策、业务设计，把与指标配套的各部门业务任务分配到各部门；各部门根据指标和业务任务制订本部门的计划；在对计划任务进行分配后，还要对临时任务作分配。计划任务是常规性的、定时的（如年、季、月），临时任务是随机的、不定时的。

（三）目标考核

有了任务的分配，必定要对目标和任务进行考核。考核是按部门和阶段进行的。阶段的确定可以是月、季、半年、全年。考核按各部门不同的考核项目进行。

四、编制定员

编制定员是核定并配备各岗位、各班组、各部门及全酒店管理人员和服务员的数量。编制定员工作从业务上来说是属于人力资源部门的，从管理职能上来说属于组织管理职能范围。

（一）编制定员核定

编制定员核定包括：以班组为基础进行人员核定；定量分析；分析相关因素，确定定员。

（二）用工类型

用工类型是指酒店所有员工因与酒店的关系性质不同而形成几种不同类型。酒店用工类型的不同决定了员工与酒店的所属关系、契约关系、经济关系、劳动关系的不同。酒店用工类型主要有正式工、合同工、聘用工、临时合同工、临时工、管理公司派驻工等。酒店采用何种用工类型要注意以下几点：用工类型要根据酒店的业务特点和业务量来确定其结构；不论何种用工，对员工都应依法给予应有的地位，维护他们的合法权益；编制定员是个定数，酒店实际用工是个变数，它是围绕编制定员上下浮动的。

五、劳动组织

劳动组织是通过一定的形式和方法使人和设施合理结合形成岗位劳动，进而使岗位劳动相互联系形成业务流程，再使各流程相互联系和协作以和谐地完成宾客接待的过程。

（一）业务流程和协作

酒店的业务流程是把前后有联系的相关岗位按一定的程序连贯起来完成一个过程。酒店业务流程的特点是对业务做时空上的组织。

（1）业务流程时序上的设计。其思路是按宾客活动时间的先后，排列有前后时序关系的相关作业岗位的作业程序，使之成为一个连贯的过程，形成时间上的业务流程。时间上的业务流程形成了劳动组织的纵向联系。

（2）业务流程空间上的联系。宾客的活动有空间上的运动，酒店岗位协作也要有空间上的横向联系。业务流程设计要把有空间作业联系的岗位和业务联系起来，把同一空间的业务作业联系起来形成流程。

（3）业务流程的时空结合。业务流程不可能是一个单纯的时间流程或空间流程，它是时空的结合。业务流程强调时序性，同时也强调协作性。

（4）业务流程是实体，与流程相配套的有服务规程和信息流。因此，服务流程的设计应考虑服务规程、信息流。

（二）排班

排班就是排定班次，是根据各岗位及由岗位组成的班组的业务规律，规定它们的工作时间和时间段以及作业内容。排班有两种形式：一是按作业时间区分，排成早、中、晚等时间班。二是按业务内容排成业务班，如客房的卫生班和值台班，前厅的总台班和总机班等。时间班和业务班不是截然分开的，它们是交错在一起的。

酒店业务内容较多，各业务内容又不相同，酒店各部门的排班也是多种多样的。排班只能从实际出发，因事因时而定。排班主要是基层管理者的职责，小区域部门由部门经理排班。排班最后的核定和认可由部门经理负责。

六、管理制度

（一）总经理负责制

总经理负责制是酒店组织管理中实行的领导制度，是酒店内部实行的最高管理组织形式。

总经理负责制是指总经理是酒店的法人代表，酒店建立以总经理为首的经营管理系统，总经理在酒店中处于中心地位，根据董事会或投资者的决策，全面负责酒店的经营和业务，并对酒店的发展负有全面责任的一种管理制度。总经理负责制是适应酒店现代化管理，适应酒店市场经营的需要，按酒店规律管理酒店和以法治店的一种管理制度。总经理负责制是酒店管理体制的最基本方面。

（二）酒店经济责任制

酒店经济责任制是酒店组织管理中的又一项重要的基本制度，是酒店各部门以酒店经济效益为目标，对自身的经营业务活动负责，实行责、权、利相结合，把酒店的经济责任以合同的形式固定下来的一种经营管理制度。酒店经济责任制是社会化大生产客观经济规律的体现，是调动酒店、部门、员工积极性，实现酒店自我激励的重要手段。

酒店的经济责任制包括酒店对国家（主要表现为酒店对上级主管部门）的经济责任制、酒店内部的经济责任制两个方面。

（三）酒店岗位责任制

酒店岗位责任制是以岗位为单位，具体规定每个岗位及该岗位人员的职责、工作内容、工作范围、作业标准、工作权限、工作量等的责任制度。岗位责任制使每个员工都明白自己所在的岗位要完成哪些工作。

酒店岗位责任制是一个完整的体系，它包括：酒店领导人的责任制——总经理责任制；各部门主管和技术人员的岗位责任制；各生产、服务人员的岗位责任制。酒店服务人员的岗位责任制是酒店其他岗位责任制的基础，也是岗位责任制的主要形式。

酒店岗位责任制的表现形式是“岗位责任说明书”或“职务说明书”。岗位责任制的内容主要有：明确岗位和岗位名称，该岗位的直接上级（即对谁负责），该岗位的直接下级（即领导谁），岗位的职责和工作内容、工作量、工作质量标准、岗位权限。对有些岗位还要确定人员上岗的标准。

（四）员工手册

员工手册是规定全酒店员工共同拥有的权利和义务以及共同遵守的行为规范的文件。员工手册对每个酒店来说都是必备文件，人手一册，是酒店发放面最广的文件。员工手册与每个员工休戚相关，因而它是酒店带有普遍意义、运用最广泛的制度条文。

一般来说，员工手册的制定有三方面的依据：一是依据我国政府有关的人事劳动法规；二是依据酒店工作的特点；三是依据国际酒店业的惯例。员工手册的内容非常丰富，包罗万象；条文规定简单明确，便于操作。

酒店员工手册主要包括以下内容：

（1）序言：主要是酒店的欢迎词，对员工加入酒店工作、成为酒店大家庭的一员表示欢迎并提出希望。

（2）酒店简介：介绍酒店的设施、星级和特色。

（3）酒店的口号和工作精神：表达酒店的企业精神、经营宗旨和指导思想，使员工对酒店产生信心和归属感。

（4）劳动条例：提出有关酒店员工的工作时间和加班的规定及报酬的支付方式，并包括招聘、培训、录用、辞退和除名等内容。

（5）报酬的评定方法：提出酒店工资报酬的评定方法及职务技术技能、贡献与所得报酬的内在联系。

（6）酒店的组织结构：说明酒店的组织和形式。

（7）员工福利：规定员工的病事假和其他请假制度，以及带薪假期和膳食、津贴等。

（8）纪律：包括奖励和惩处的有关条例，以及员工所必须遵守的制度和违纪处分等一系列条款。

（9）安全守则：提出在酒店发生各种意外时，员工必须遵守和执行的条款，以及应尽的义务和责任。

（10）签署人：这是员工手册最后向每位员工提出的要求。每位员工在学习并认可员工手册所提出的各项条款后，必须签名，交人事部门备案，以便将来对照实施。

（五）酒店作业规程

作业程序是指每做一项工作所要遵循的标准化的工作步骤、要求和所要达到的质量目标，即具体的服务程序和质量标准。这些标准与酒店的星级档次必须符合，只能提高而不能降低。制定这些标准必须详细而具体，即这些标准必须是可以操作的而不是抽象的。制定服务规程都是针对某一特定的服务对象和过程，但是制定服务程序时，又必须考虑服务过程的系统化。

知识链接

酒店企业文化与员工业余活动

华天酒店的培训文化是具有华天特色的服务员工的文化，酒店视培训为员工福利，持续加大培训投入。通过内部专业培训、送出去培训、请进来专家培训、成立华天酒店管理学院体系化的脱产培训，形成了酒店初级基础培训、中级晋升型培训、高级专业化培训三级培训机制和体系。

1999年，酒店针对部分员工希望学历升级的需求，与湖南师大旅游学院联合开办了旅游大专班，请学校老师来店教学。针对英语基础好的员工，酒店倡导第二外语的学习，开设了日语培训班。2000年，酒店筹建了华天酒店管理学院。2001年5月，酒店还颁布了《关于鼓励员工自学进修的有关规定》，支持员工自学成才，报销部分学费。仅以2002年为例，酒店共有15名在岗员工通过自学拿到了国家认可的大专以上学历证书。根据有关规定，酒店为这些员工报销全部学费，共69 690元，很好地调动了员工学习的积极性。为了促使管理人员加强自身学习，酒店还送各级管理人员和员工参加各种进修学习班，选派了一批优秀员工和管理骨干到南京金陵、广州白天鹅等地学习，接受专业培训。

在华天酒店，培训与激励是分不开的。2003年，华天酒店对两名荣获“突出贡献奖”的员工分别给予12万元巨奖。在华天酒店，只要你肯学，就舍得投资让你成才。这些培训与激励措施，不仅提高了酒店中高级管理人员的自身素质，同时也在酒店员工中形成了勤学上进的良好风尚。学习成为多数员工的一种自觉需要，也是华天酒店不断开拓进取的源泉。

华天酒店为员工前途考虑，为员工的未来提供机会。2007 年，通过竞聘上岗，华天酒店全年共任命管理人员 85 人次，很多人都被调到连锁店独当一面，获得了大的发展。

1. 物质条件是基础

为了给广大员工创造一个温馨的工作、生活环境，2000 年，华天酒店投入专项资金，将职工宿舍的五楼、六楼、七楼、九楼、十楼统一改造、装饰一新，统一购置了生活用品，并安装了空调。行管部制定了科学合理的宿舍管理条例，不定期地开展检查评比活动，加强对宿舍卫生、安全的检查和督导。如当年 3 月开展的“共建一个家”活动，使大家的栖居空间进一步舒适化，普遍提高了广大员工的宿舍生活质量。

员工食堂大胆采用了自助餐的形式，在控制好成本的前提下，力求菜式多样化，饭菜质量和服务不断改善，如每月举行一次菜品创新展示会，要求厨师每人每月必须出一道新菜。在膳食的搭配上，更注重口味和营养相结合，讲究荤素搭配。

工资方面，华天酒店结合经营形势的发展不断进行改革，使员工的待遇不断提高，劳酬关系更加合理化。

为了丰富员工的业余生活，2002 年 7 月，酒店投资将原来 200 多平方米的员工俱乐部扩建成 1 000 余平方米，新增了电视室、阅览室、学习室、音乐室、健身房和乒乓球室等，并花费 5 000 元专款购置了新的图书，为广大职工提供了一个良好的学习、健身、娱乐场所。

华天酒店尤其注重发现并解决员工的实际困难。例如，对于特困员工实行补助；为照顾好加班员工，员工食堂延长开餐时间，并保证饭菜质量跟正常吃饭时间一样；等等。

2. 心灵滋养是主体

华天酒店高度重视来自员工的意见、心声，与员工定期开展对话。例如，2007 年 8 月，董事长陈纪明收到一封署名为“华天员工”的信，信中指出酒店管理中的一些问题。对此，陈纪明高度重视，马上发起寻找这位可敬的员工的活动，并开展了为期一个月的行政管理大检查。此外，很多部门都设立了定期、不定期的沟通机制，以便及时发现并解决员工心理问题。华天酒店对沟通的重视，为广大员工以更大的热情投身工作、创造效益打下了良好的基础。

同时，随着经营形势的蓬勃发展，各项以员工为主体的企业文化活动也在如火如荼地展开。

2000 年，工会先后在员工中开展了员工形象设计大赛、“谈谈我们的钱口袋”等一大批活动。其中如“谈谈我们的钱口袋”活动，引导员工正确认识工资改革，并阐明改革给员工带来的好处。通过酒店和部门深入细致的工作，员工们充分认识到了工资制度改革的必要性，提高了工作积极性。2000 年，酒店还举办了大型的第一届华天文化艺术节，历时三个月，开展包括书法比赛、合唱比赛、服装展示、文艺演出等一系列丰富多彩的文化活动，唤起了员工的参与热情，大家的才情得到了尽情演绎和挥洒。

2002 年，工会在搞好后勤工作的同时，开展了一系列富有积极意义的丰富多彩的文娱活动，如 1 月的新春游艺晚会、8 月的登山比赛等。这些活动，既丰富了员工的业余生活，又增强了酒店的凝聚力和向心力。

为激励员工继承和发扬部队优良作风，2003年8月，酒店与省军区举行了庆祝中国人民解放军建军76周年心连心文艺联欢会，20余个节目精彩纷呈，军民同歌共舞，抒发了军民对祖国的无比热爱之情。为提高酒店广大员工的身体素质，以更好的精神面貌投入到实际工作中，2003年实行了每季评比“健康之星”的活动，并从5月26日至8月26日，举行了为期三个月的“华天运动风”活动。相对于往年举行的运动比赛，比赛项目多是此次活动的一大特点，工会因时制宜地制定了诸多酒店从未举行过的项目，运动项目达14项，包括室内项目和室外项目，参与此次活动的共计有1 744人次，获奖人数达87人。活动焕发了员工积极参与健身运动的兴致，营造了乐观向上、积极进取、健康有益的文化环境。

为进一步弘扬企业文化，2002年5月至2003年5月，酒店工会与团工委组织全体职工开展了“发扬华天精神，争当文明员工”的活动，活动激发了广大员工的工作热情和活力，取得了很好的成绩，并涌现了一批先进个人和文明员工，树立了华天人的新形象。

2003年5月8日是华天酒店15周年店庆的大喜日子，为激励员工发扬成绩，再创辉煌，工会举办了“我爱华天”演讲赛和“华天赞”系列活动，如双百分扑克赛、桌球赛、影视歌曲演唱会、“超级英雄”知识抢答赛、乒乓球团体赛等，这些活动的开展，培养了员工团结服从、勤奋创新、开拓进取、以店为家的品德。

为了加强员工对于湖湘文化的了解，酒店还常组织员工到千年学府岳麓书院、橘子洲头、马王堆等本地的文化名胜去参观学习。

【任务评价】

评价内容	评价方式			评价等级
	自评	小组评议	教师评议	
1. 了解酒店组织管理的含义和要求				
2. 掌握酒店组织管理的内容				
3. 了解酒店员工业余活动的类型				
总　评				

【拓展与练习】

一、拓展任务

拓展任务1——根据任务一和任务二的内容，通过实地访查或者电话访谈的形式，调查当地高、中、低档具有代表性的三家酒店，了解其各职能部门及其组织机构与岗位设置。要求：绘出其组织结构图；比较分析它们的组织结构具有哪些特点。

拓展任务2——以3～5人组成的小组为研究单位，通过互联网或实地考察查找酒店资料，撰写关于酒店员工业余活动的调研报告，编制PPT文件，在课堂上进行交流分享。

二、思考与练习

1. 现代酒店组织结构设置的依据是什么？
2. 酒店组织结构主要有哪几种类型？各有什么特点？
3. 现代酒店主要由哪些部门组成？其主要职责是什么？
4. 现代酒店组织管理的内容有哪些？

【项目小结】

任务一根据酒店组织结构设计理论，合理设计酒店组织结构，直线制、直线职能制、事业部制和矩阵式是现代酒店最常见的组织结构类型。任务二主要介绍了酒店部门的划分和各个部门岗位的职责。任务三在介绍了酒店组织管理定义和要求的基础上，阐述了酒店管理制度的内容。

项目三　顾客至上的软硬件

学习目标

◎ 了解高星级酒店主题文化硬件设施的配备
◎ 了解高星级酒店主题文化软件服务的要求
◎ 了解国际著名奢华酒店对于奢华的解释
◎ 了解酒店优质服务的内容

任务一　接触——豪华舒适的硬件设施

【情境导入】

酒店客房硬件设施更应注意人性化

客房硬件是提升宾客满意度的基础。很多酒店在客房装修改造过程中投入了大量的人力物力，但宾客的满意度和舒适度并不高。究其原因，一是客房设计没有充分考虑宾客需求，二是好钢没有用到刀刃上，花了不少“冤枉”钱。根据以往的经验和教训，海逸酒店管理公司根据酒店的实际结合宾客的需要做了如下总结。

客房睡床

许多酒店投资者愿意投资几十万元装修一间客房，但在客房床体的选择上却十分吝啬。实际上，把钱贴在墙上、铺在地上不是不重要，但客房的核心产品还是睡床。即使客房的四壁贴满了黄金，如果宾客睡觉睡得不舒适，也不会给予好评。

国外酒店连锁集团特别重视客房床体的选择。比如，最佳西方推出了“BedTalk”，除了提供正常的睡床外，还提供多种睡床产品：适合老年人及有腰疾的客人的特制硬床；选用最贴近禽类身体的羽毛填充的“羽绒舒适床”；更加柔软、弹性更强，以及更适合宾客生理曲线的双层柔软床等。不同特质的睡床为宾客带来了特别的睡眠体验。

知名国际品牌酒店不满足于工业化生产的普通产品，纷纷投巨资研发具有独立品牌的床。比如，1999 年威斯汀推出了天梦之床系列，有 999 个独立卷筒和 10 层特殊床垫，研发成本高达 3 000 万美元。2008 年 8 月，参加奥运会开幕式的布什总统夫人入住北京金融街威斯汀后，决定将天梦之床带回美国，可见天梦之床的魅力。宁波万达索菲特使用了由 Serta 公司生产的“完美之夜”(SoBed)，该床品由 5 个错综盘旋的泡沫区组成，市价高达 2 670 美元至 3 545 美元，也受到了广大宾客的追捧。

以上案例再次提醒业内同行，睡床是客房的核心产品，虽然不一定所有的公司都有威斯汀和索菲特的财力，设计和定制奢侈睡床，但给予睡床更多的关注，将贴在墙上、铺在地上的钱匀在睡床上，还是很有必要的。

房门

1. 房门的隔音问题

酒店客房投诉较为集中的是噪声问题。很多酒店客房门的隔音不好，走廊内的声音很容易传入客房，影响宾客。

客房房门隔音效果差的原因：一是房门材质较差、做工不符合要求；二是密封不严，房门四周有空隙。上海四季酒店的客房部管理人员在向外界介绍他们酒店客房的房门时说，即使酒店遭遇火灾，他们的宾客待在客房内 7 分钟也不会受到火灾烟雾伤害，原因是酒店客房的房门像冰箱门一样，密封严密，做工精细，且材料防火。

2. 房门的安全问题

房门的另一大功能是保护宾客安全。酒店一般会在房门安装门锁、猫眼、紧急疏散图等。但随着科技的发展，一些新发明的装置可能会把原来房门的安全设施转变成安全隐患，比如，反猫眼装置。不法分子把反猫眼窥视镜放在猫眼上，可以将客房内的场景观察得一清二楚。

为防止此类现象的发生，建议服务人员将猫眼后的挡板关闭，新建酒店可取消猫眼，安装视频监视装置。

客房衣柜

客房衣柜是个不显眼的配套设施，但这几年的变化也比较大，更加实用且在细节上更凸显人性化。目前酒店客房衣柜有以下几方面的创新。

1. 两个衣柜

酒店星级评定标准对客房的衣柜的宽度、进深有明确的规定，但对衣柜的数量上要求“有”就可以。随着酒店设计日益人性化，一些酒店在设计衣柜时，不仅尽量采用步入式储衣间，而且还在数量上由原来的一个增加到了两个。

当标准间入住两个宾客时，每个宾客可以使用各自的衣柜，避免宾客间衣物相互影响甚至拿错衣物。两个衣柜对于女宾客更是必要，可以将行李箱里压着的衣物全部放在衣柜内，既避免压印，又方便选择穿衣。建议新建酒店和房间面积比较大的客房尽量设计两个衣柜。

2. 两面都开门的衣柜

大部分客房的衣柜都是一面开门，一面是墙。有一家酒店套房的衣柜设计比较独特，一面对着睡床，一面对着卫生间，两边都设立衣柜门。宾客在卧室脱掉衣服，进入浴室，从浴室出来时，不用再回到卧室穿衣服或者浴袍，而是可以从卫生间直接打开衣柜门，从衣柜内拿出衣物。

3. 带抽屉的衣柜

房内宾客借用小件物品、简单送餐时，需要打开房门接受服务。但宾客沐浴后或者穿着较少衣服时，还要重新穿衣，不太方便。香港半岛酒店就在房门边连通衣柜的地方专门设置了一个抽屉，直通衣柜。当宾客需要小件物品或者快餐时，服务人员可以从小抽屉送入，并按提示灯提示，大大方便了宾客。

保险柜

客房保险柜的用途近几年发生了很大变化，由原来的存放现金转变成存放笔记本电脑或者贵重首饰等。目前，酒店选择客房保险柜时要注意以下几点。

1. 保险柜开口的位置

大部分保险柜都是侧面开门，对于放置位置比较低的保险柜，使用起来十分不便。如果放置保险柜的位置低于肩部，建议选择上开门的，方便宾客操作。

2. 保险柜的尺寸

许多宾客喜欢将笔记本电脑放入保险柜，虽然电脑的尺寸越来越小，但还是有很多电脑无法放入。因此，在选择保险柜时，应选择适合存放电脑的尺寸，同时最好能在保险柜后边接入电源，在存放电脑的同时还可以充电。

3. 保险柜内置首饰盒

宾客将首饰放入保险柜时，由于空间较大，会有不安全之感。建议酒店在保险柜内加入首饰盒，方便宾客存放首饰。

卫生间

1. 卫生间的布置

卫生间是客房档次的体现。酒店不仅要选用高档的卫生洁具，卫生间的布置也至为重要。

2. 卫生间的面盆

酒店星级评定标准中，对客房内卫生间面盆的数量没有要求按客配备，但在实际操作过程中会出现两个宾客同住标准间时，如果第一个使用面盆的宾客有传染病，会对第二个使用面盆的宾客造成感染。在目前酒店客房清扫程序中无法减少此类风险的前提下，增加到两个面盆是最好的选择。即使没有交叉感染的风险，也会大大方便宾客。对于新建酒店，增加面盆数量十分必要。

3. 卫生间的镜面

卫生间镜面经常因宾客洗澡的蒸汽而造成镜面结雾，宾客为照镜子还要用毛巾擦拭镜面。为解决此问题，建议酒店选用不结雾镜面。与此同时，有条件的酒店还可以定制镜面与电视一体的装饰镜面，在宾客洗涮的同时，还可以观看自己喜欢的节目。

4. 卫生间的凳子

卫生间不仅是宾客洗漱的场所，而且还是很多女士化妆的场所，尤其是在不设单独化妆间的客房。宾客在化妆时，如果站立，既浪费体力又影响化妆效果。建议在卫生间设立一个可以一客一换座面的凳子。

5. 卫生间的对讲电话

卫生间电话是方便宾客在使用卫生间时接听外来电话的装置。由于卫生间的环境以及宾客在卫生间的局限等原因，目前卫生间的手持电话既不方便宾客使用，损坏率也非常高。为解决此问题，许多酒店采用了对讲电话，效果不错。

6. 卫生间的灯光模式

客房卫生间大部分照明开关集中为一个或者两个，虽然方便了宾客，但宾客夜晚去卫生间时，由于开灯被强光照射，有的宾客很难或者较长时间才能入睡。考虑到这一点，香港半岛酒店在卫生间照明开关设计上特别设置了夜晚模式。夜晚去卫生间时，按夜晚模式，卫生间只出现微弱的灯光，既方便客人如厕，又不刺眼。

7. 卫生间的马桶刷

在客房管理人员心目中，刷马桶是员工的事，不能劳驾宾客。但有时宾客用完马桶，一些便迹沾在马桶上，宾客不愿意让服务人员或者同住宾客看到，以免尴尬，这时他最需要的就是一个马桶刷。酒店不妨给每个房间都配一个。

客房灯光的设计

酒店客房灯光不仅为宾客提供照明，还是营造客房气氛的重要道具。许多设计师在灯光设计上关注的是“灯”，如灯的格调、颜色、造型等，然而，宾客更多关注的是“光”，光线是否适应起居的需求、是否方便使用等。

“弱电控制强电”模式解决总开关困扰

为方便宾客，一般酒店在客房内都会设计一个总开关。宾客休息时，可以按总开关关闭所有的灯光。但如果夜晚去卫生间，需要重新打开总开关，先前开启的灯依然亮着，这会对睡梦中的宾客造成影响。为解决此问题，山东福斯特装饰公司的工程师设计了一种“弱电控制强电”的开关模式，关掉总开关时，所有的开关都还有电，夜晚宾客开灯时，不需要开启总开关而直接开启所需灯的开关即可，避免了不必要的麻烦。

【知识预备】

酒店硬件设施设备是酒店向客人提供优质服务和满足客人需求的重要物质基础。酒店所提供的经营产品，是由硬件设施设备和软件服务所构成的一种整体产品组合。以硬件设施设备为基础、以酒店服务空间为场所向客人提供有形和无形的综合性服务是酒店经营的本质所在，良好的酒店服务形象必须建立在良好的设备基础之上。

一、酒店设备对日常经营活动的影响

酒店所提供的各种服务项目中有许多内容都与硬件设施设备密切相关，如客房温度、空气调节状况、电视、上网、娱乐以及大堂空间的舒适环境等。从整体上讲，酒店设备对酒店日常经营活动的影响主要表现在以下六个方面。

（一）影响酒店服务质量

由于酒店是以出售服务为主要产品的企业，酒店经营的宗旨就是要尽可能地获取客人的最大满意度并取得较好的经济效益。现代科学提供的最新酒店设施和设备，已经成为酒店为客人提供豪华、舒适和一流服务的物质基础。酒店提供给客人的热水、冷水、照明、通信和音响都属于服务产品的一个组成部分，离开了作为服务基础的设施和设备，酒店服务质量也就无从谈起，即使服务态度再好，也难以满足客人的需要。因此，与酒店服务相配套的设施和设备对于酒店的服务质量具有重要的影响。

（二）影响酒店经营利润

完善的设备系统加上良好的服务可以为酒店产生好的经济效益。事实证明，国内外成功的酒店经营者都非常重视对酒店设备系统的配套建设和管理。

（三）影响酒店销售价格

必须承认，酒店的财源或对客人的吸引力主要来自酒店的有形设施设备的舒适、方便和安全。整个酒店的各种设施设备应该与酒店的经营档次和规模相配套、相适应，并处于良好运行状态，以便能随时向客人提供最佳的服务，使客人享受到舒适、方便的服务并感到物有所值。因此，完美的服务加上完好的配套设备，就能使酒店以合理的价格出售自己

的服务产品。

（四）影响酒店安全运行

酒店的经营过程必须保证宾客的生命和财产安全。酒店必须尽一切可能使客人获得安全感。酒店的安全设备、消防设施、电视监控系统、安全报警系统，必须配备完善并处于良好运行状态，绝不能在出现应急状况时失灵，使酒店的人、财、物遭受损失。

（五）影响酒店工作效率

进入 21 世纪以后，效率问题在某种程度上决定着酒店经营的成败。现代酒店采用了各种提高运作和管理效率的设备，如计算机管理系统设备、网络控制系统设备、电视会议系统设备等，通过使用这些设备，可以大大提高酒店经营的工作效率。

（六）影响酒店声誉和品牌

酒店设备是酒店经营赖以生存的物质基础，与酒店档次和经营规模相配套的完善的设备系统，必然对酒店的声誉和服务品牌产生重要影响。

二、酒店设备在酒店经营活动中的作用

现代酒店的各种经营活动都离不开与之相配套的设施和设备的支持，具体可以从以下几个方面来说明酒店设备在酒店经营活动中的重要作用。

（一）电梯设备

在现代酒店中，电梯作为一种垂直运输的交通工具，担负着酒店系统垂直运输人员和物品的繁重任务，是现代酒店必备的重要设备之一，也是酒店建筑现代化的重要标志，因此电梯的作用是不言而喻的。

（二）空调设备

空调设备是现代酒店向顾客提供优质服务的重要设备之一，它担负着调节和改善室内空气品质的重要任务。

（三）供电系统设备

现代酒店集中了大量的电气设施和设备，从大功率的中央空调系统设备到电梯、锅炉、通信、照明、电视、厨房、洗涤、给排水、安全监控系统和消防控制系统等设备，各种现代化的酒店设备为客人提供了安全、方便和舒适的生活、娱乐及工作环境。各类酒店设备的正常运行只有依靠供电设备的支持，才能实现电能的供给，没有了电，酒店系统的用电设备都将失去作用。因此，供电系统设备担负着支持和保证整个酒店设备正常运行的重任。

（四）酒店系统智能型弱电设备

酒店作为一个多部门构成的系统，所配置的各种弱电设备是非常复杂的。智能型弱电设备，主要包括 VOD 系统设备、一卡通、前台计算机管理系统、职能化管理系统设备（酒店智能型客房管理预订系统、连锁经营网络管理系统、后台计算机管理系统、办公自动化系统等）、智能化节能控制设备、智能化采购网络设备、智能化人员管理系统设备、智能化物耗管理系统设备等。各种智能型弱电设备为增强酒店的竞争力提供了重要的支持和保证。

（五）客房电器设备

客房电器设备是直接为宾客提供服务的一线设备。典型的客房电器设备包括客房电器控制器件（客房取电开关——插卡开关、IC卡取电开关、识别感应卡取电开关、客房电器控制板）、电视机、电话机、冰箱、电子保险柜、电热水器、干发器、臭氧发生器等。特别值得一提的是，电视机在酒店中的地位是非常重要的，星级酒店的每间客房都必须配备一台彩色电视机，尤其是现在数字化电视的应用给酒店增加了多种特别的服务功能，如宽频道的接收服务、交互式实时在线点播服务等。数字化电视在酒店系统中的应用已经成为酒店提高竞争能力的必要手段。

（六）音响设备

音响设备作为酒店歌舞厅和整个酒店系统必须配备的基本设备，对酒店的整体经营服务具有十分重要的影响。

（七）闭路电视监控系统

闭路电视监控系统是酒店安全防范体系中的一个重要组成部分，对于酒店系统的安全监控具有重要作用。它直接影响着住店客人的人身安全和财产安全，影响着酒店的对外声誉。功能完善的保安监控系统能够对不法入侵者做出快速反应，及时发现和抓获罪犯，对于犯罪分子具有极强的威慑作用。

（八）酒店多功能厅会议系统设备

酒店多功能厅是用于举办各种多媒体会议、网络视频会议、学术交流、技术培训、产品介绍、新闻发布以及召开各种国际会议和商务会议的重要场所。多功能厅的会议系统配置体现了酒店对各种会议活动的接待能力，先进的多功能厅会议系统体现了高档酒店的内在品质，设施齐全、功能完备的多功能厅会议设备必然成为带动酒店利润增长的核心设备。因此，酒店的多功能厅会议系统设备对于酒店的品牌经营具有重要影响。

（九）商务中心设备

酒店商务中心是为客人提供各种商务事务处理的重要场所，完善而齐全的商务处理设备可以辅助酒店开展增值经营服务。

（十）卫生洁具设备

安装于客房盥洗室、卫生间和浴室等地方的各种卫生洁具设备是任何酒店都必不可少的基本设备。

（十一）洗涤设备

洗涤设备是为酒店提供洗涤服务的重要设备。由于酒店系统人员集中，各种需洗涤物品量很大，使用洗涤设备可以大大减轻工作人员的劳动强度，缩短工作时间，提高效率，使需洗涤物品能够得到及时清洗和使用。

（十二）给排水及环保设备

由于酒店系统多为高层建筑物，因此给排水设备已成为酒店系统的重要组成部分，对酒店的正常运转起到了基础性的重要作用；环保处理设备同样是现代酒店环保处理的必备设备。

（十三）供热系统设备

酒店的许多经营服务项目都离不开与之相配套的供热系统设备，如旅客通过供热系统进行取暖、加热食物、获得热水等。在酒店的日常服务过程中，供热系统为酒店的正常经营提供了基本的热能保证。

（十四）安全与消防设备

消防安全系统设备是任何酒店都必须具备的核心设备。没有安全，酒店经营也就无从谈起。酒店消防安全工作的好坏，不仅直接影响酒店自身的正常运营，影响客人和酒店员工的生命安全，影响酒店的财产安全，还会影响客人的消费满意度，影响酒店的声誉，进而影响酒店的经济效益。

（十五）康乐休闲设备

康乐设施与设备可以为住店客人提供休闲、娱乐、健身、美容和按摩等各项服务，完善配套的康乐设施设备能够更好地方便住店客人，对于吸引客源、扩大客源市场和提高酒店对外声誉都具有重要的影响，同时康乐经营部又是酒店创利的主要部门。因此，康乐设施与设备在酒店服务经营过程中所占的地位是极为重要的。

综上所述，酒店设备是酒店开展各项经营活动的物质基础，是酒店发展的必要条件。酒店设备在酒店经营过程中占据重要地位，具有重要作用。

【知识情境】

现代酒店已经从原来只提供单一的住宿功能，发展成为集住宿、美食、旅行、游览、娱乐、购物、通信和商务于一体的综合性企业。酒店所提供的各项综合服务，都必须以硬件设施设备为基础，随着酒店经营规模的不断扩大，现代酒店的设备种类越来越多，数量也越来越大。一般星级酒店的设备系统已经达到十几个甚至几十个，设备种类多达上百种，数量达上千台甚至更多。

由于科学技术的不断发展，各种最新的科技成果往往被很快应用到了酒店设备上，具有大量科技含量的酒店设备体现了时代的潮流，酒店设备的种类变得越来越丰富。从总体上讲，可以把酒店系统使用的设施和设备划分为 20 个大的类别，其中的每一类设备又可以进一步细分为具体的设备类别。

一、酒店厨房及餐饮设施设备

酒店厨房与餐饮设施设备所包含的种类最为繁杂，从大的方面可以分为：厨具、燃气具、烘烤设备、橱柜、冷藏设备、洗碗机、消毒设备、层架、加热器具、制冰机、中厨及西厨设备、食品机械和其他器具等。在此基础上，还可进一步细分为以下九个类别。

（一）面点加工设备

常见的面点加工设备包括分块机、和面机、压面机、淘米机、发酵机、搓圆机、搅拌机、打蛋机、揉压面机、酥皮机、面团分块机、面包切片机、烤饼炉、烘箱、醒发箱、饼盘架、烘箱架、比萨烤炉、比萨机等。

（二）半成品加工设备

常用的半成品加工设备包括绞肉机、切片机、切丁机、锯骨机、骨皮肉分离机、家禽脱毛机、切菜机、灌肠机、打奶油机、打鱼肉丸机、磨浆机、脱水筛浆机、粉碎机、切肉丝机、切肉片机、拌馅机、切馅机、食物打碎机、蔬果处理设备、刨皮机、碎芝士机、浆渣分离机、电热豆浆机等。

（三）清洁消毒设备

常用的清洁消毒设备包括洗碗碟机、毛巾消毒柜、餐具消毒柜等。

（四）工作台柜

餐厨工作台包括工作台、工作架、工作柜、洗涤台、案板台、碗碟分配机、物料台等。

（五）中厨及西厨设备

中厨及西厨设备的种类最为繁多，常见的设备有：炒炉、蒸炒两用炉、蒸柜炉、肠粉炉、大锅灶（炉）、饼炉、馒头机、蛋卷机、包饺子机、包馅机、印饼机、莲蓉机、豆芽菜生长机、油炸炉、平扒炉、坑扒炉、半平半坑扒炉、铁板炉、炸炉、煮食炉、煎炉、微波炉、芝士烘炉、矮仔炉、电板炉、热板炉、煤气灶、比萨饼制作设备、面包烤箱、切面包机、玉米花机、棉花糖机、薯条加工机、西餐组合灶、汤煲、煮玉米机、自助餐设备、电磁炉、煲仔炉、连烤炉、煽炉、面火炉、底火炉、对衡式烤炉、万能蒸烤炉、台车式万能蒸烤炉、烧烤炉、烤鸡炉、串烤炉、保鲜恒温车、饭锅、蒸饭柜、煮面炉、汤锅炉、炒锅炉、东洋桌炉具、组合炉具、无烟炭炉、中式灶具、蒸饭车、蒸汽隔层锅、多士炉、华夫炉、三明治炉、汉堡包机、甜圈炉、鱼丸炉、圆饼炉、烘雪糕皮机、日式烧鱼炉、中式小吃设备、烤香肠机、炒板栗机、爆米花机等。

（六）食品加工设备

常用的面食加工设备包括面包生产设备、面条生产设备、糕饼生产设备、灌肠类制品生产设备、鲜酵母生产设备、薯条工作台、裹粉台、腌制机、滤油机、封口机等。

（七）冷饮设备

常用的冷饮设备包括吧台组合设备、吧台搅拌机、奶昔机、冰激凌机（包括雪蓉机、雪糕机、冰花机、刨冰机、碎冰机等）、扎啤机、冰棍机、制冰块（粒）机、榨汁机、喷射果汁机、饮料混合机、酒吧组合机、啤酒设备、冷热饮水机、售饮料机（包括售雪糕机、售冰机等）、水果搅拌机、冷藏箱、冷冻箱、冰库、制冰机、汽水柜、冷饮机、炒冰机、冰激凌展示柜、雪泥机、工作台冰箱、卧式冷柜、蛋糕柜、陈列柜、寿司柜、比萨柜、沙拉台、三明治陈列柜、风幕柜、啤酒柜、巧克力柜等。

（八）热饮设备

常用的热饮设备包括红茶机、热饮机、冷热饮水机、开水机、咖啡机、朱古力机、牛奶泡沫机、暖酒机、咖啡炉、咖啡机、磨豆机等。

（九）快餐设备

常用的快餐设备包括纸杯分发器、中心岛吸管盒、酱汁分发器、保温汤池、保温灯、保温柜、开水器、保温台、保温箱、保温桶、加热器、海鲜蓄养设备、保温搬运器、电开水器等。

二、康乐设施与设备

（一）健身器械

常见的健身器械包括自行车练习器、跑步机、踏步机、台阶练习器、划船练习器、模拟游泳训练器、陆地滑雪练习器、模拟爬山练习器、二头肌训练器械、胸肌训练器械、腹肌训练器械、背肌训练器械、肩肌训练器械、腿肌练习器械、臀部练习器械、多功能综合健身器械、体能测试仪等。

（二）健身按摩设备

常见的按摩设备包括按摩浴缸、按摩浴池、震动按摩器、蒸汽浴房、蒸汽炉、桑拿浴房、桑拿炉、淋浴房、淋浴盆、光波浴房、日光浴床、按摩床、按摩椅等。

（三）运动与休闲设备

常见的运动与休闲设备包括游泳池及地面设备、游泳池用水泵、游泳池温控设备、游泳池过滤沙缸、游泳池过滤器、游泳池清洁机（水龟）、游泳池水底灯、保龄球设备、模拟高尔夫球设备、模拟足球设备、模拟射击设备、模拟射箭设备、台球设备、壁球设备、网球设备、游艺机设备、麻将机设备以及其他设备（包括羽毛球、乒乓球、曲棍球、飞镖等）。

三、酒店系统配套设施与设备

酒店系统常见的配套设施设备包括电梯设备（如升降客梯、自动扶梯、自动人行道、杂物电梯、餐梯、升降机、专用电梯等）、电动旋转门、光电感应门、中央空调系统设备、锅炉设备、热能系统设备、给排水系统设备、电动喷泉设备、停车库系统设备、电动旗杆等。

四、酒店综合设备

（一）电控设备

常见的电控设备包括客房集控设备、遥控设备（包括电视遥控、电扇遥控、窗帘遥控、国际时钟遥控等）、多媒体触摸屏、软启闭控制设备等。

（二）通风换气设备

常用的通风换气设备包括空气清新机、喷香机、加湿器、加温器、换气扇、负氧离子发生器、环保烟罩、氧吧设备等。

（三）专用电器设备

常见的专用电器设备包括专用彩电、专用冰箱、饮水系统处理设备、大屏幕显示屏等。

（四）通用设备

通用设备包括自动擦鞋机、人体健康秤、灭蚊蝇机、雷电保护器等。

五、客房电器

常见的客房电器包括客房电视、客房专用电话机、客房冰箱、电热水壶、电吹风、电视转盘、美容镜、手电筒、应急灯以及其他客房电器。

六、酒店办公设备

酒店系统常用的办公设备包括电脑设备、打印机、传真机、考勤机、投影仪、复印机、收款机、POS机等。

七、酒店智能化系统设备

常用的智能化系统设备包括对讲机、可视化对讲设备、安全监控系统设备（包括闭路电视监控设备与数字化视频监控设备）、床头柜集控板、宽带接入设备、防盗报警设备、综合布线系统设备、照明控制系统设备、变配电控制系统设备、电子巡更系统设备、消防监控系统设备、自动喷淋灭火系统设备、环境综合控制系统设备、照明系统控制设备等。

知识链接

杭州黄龙饭店十大智能化

1. VIP客人到店提示（RFID技术）（见图3-1）

客人自动收到欢迎短信。服务人员立即收到VIP客人到店的提示短信，包括客人的姓名、性别、国籍、照片等信息。服务人员可以主动欢迎客人。

2. 无线无纸化入住/退房系统

可通过手持登记设备（Tablet PC）进行远程登记，在房内或是店外就能完成登记、身份辨识及信用卡付款手续。

3. 自助入住/退房系统

针对35岁至50岁熟悉计算机操作的商务人士，杭州黄龙饭店特别于大堂内设置Kiosk机，客人可自助完成登记手续。

4. VIP快速通道

VIP客人开车入车库的同时完成登记入住和房卡制作。

5. 客房智慧导航系统（见图3-2）

一出电梯，系统会自动感应客人的房卡信息，三道指示牌指引客人直至自己的房间。

6. 全世界第一套电视门禁系统

若在客人不便应答的时候有人按门铃，门外的图像会主动跳到电视屏幕上，方便客人判断以什么形象去开门。

7. 互动服务电视系统

系统内设八国语言，系统自动选择客人的母语欢迎客人入住，自动弹出客人上次入

图 3-1　VIP 客人到店提示

图 3-2　客房智慧导航系统

住时常看的频道；显示母国当地气候及杭州气候。

8. 机场航班动态显示/登机牌打印服务

每 15 分钟更新一次，及时了解班机最新状况；只需将电脑和客房内的四合一多功能一体机连接即可打印路线图和登机牌。

9. 一键式服务中心

只需按“0”，即可解决所有问题。

10. 全球接听拨打客房智能手机

智能手机解决了国外手机无法直接使用的问题。从技术的角度说，它可以全球拨打、免费接听，现阶段，杭州黄龙饭店开放了部分信号区域，可在饭店或是杭州范围内的任何地方使用。

八、出入口控制设备

常见的出入口控制设备包括 IC 卡电脑锁电控设备、门禁系统设备、智能化模块设备、终端操作设备、IC 卡电话机、读写器、无线感应识别系统设备、自动停车管理系统设备、电子门锁、一卡通消费系统设备等。

九、酒店通信系统设备

酒店常见的通信系统设备包括呼叫分配器、电脑电话综合控制系统设备、交互式语音应答设备、网络通信设备等。

十、VOC 点播系统设备

VOC 点播系统设备包括 KTV 音响系统设备、卡拉 OK 系统设备、闭路电视系统设备、多功能高效机、VOD 视频点播系统设备、酒店 VOD 影院设备等。

十一、会议及公共广播系统设备

常用的会议及公共广播系统设备包括酒店会议系统设备（包括扩声系统设备、同声传译系统设备、数字会议系统设备、幻灯设备、投影设备、会议电视系统设备等）、公共广播系统设备、专业音响器材系列（包括普通音箱及各种专用音箱、功放、调音台、音频激励器等）、大屏幕设备、多功能厅系统设备等。

十二、酒店管理系统设备

常用的酒店管理系统设备包括多媒体触摸屏查询设备、电脑信息系统设备、酒店中央管理系统设备、服务收费系统设备、人事管理系统设备、财务管理系统设备、餐饮管理系统设备、康乐中心管理系统设备、商场管理系统设备、电话管理系统设备、前台管理系统设备、后台管理系统设备、客房管理系统设备、库存管理系统设备、工程管理系统设备等。

十三、大堂系列设施

常用的大堂系列设施包括指示牌、灯箱、栏杆、雨伞架、伞袋机、地毯、告示牌、衣帽架、书报架、演讲台、服务台、世界钟、指示标牌、大堂灯饰、果皮箱、大堂灯箱、观赏水族等。

十四、酒店灯饰及电料

（一）酒店灯饰

常见的酒店灯饰包括吊灯、吸顶灯、壁灯、花灯、筒灯、落地灯、床头灯、台灯、标志灯（镶嵌灯）、应急照明灯、路灯、射灯、庭院灯、感应灯、化学发光材料（光导板）、节能灯、舞台灯、荧光灯、草坪灯以及其他灯饰、灯具配套件。

（二）酒店电料

常用的酒店电料用品包括开关、插座、插头、调光器、断路器、电动门铃、电器保护器、电源、电缆等。

十五、小车类设施设备

常用的小车类设施设备包括食品服务车（包括送餐车、点心车等）、保温车、暖餐车、保鲜车、储冰车、酒水车、酒吧车、饮料车、水壶车（热水瓶车）、餐具用品车、暖碟车、消毒巾车、煮餐车（包括烧烤车、烤牛肉车、煎炸车、蒸饭车等）、调料车、残羹车、箱包车、清洁车、房口车、布巾车、多用途服务车、购物车、手推车、售货车、房间清洁车、房间服务车、送盘车、收盘车、盘碟储存车、行李车、布草车、熟笼车等。

十六、酒店综合用品

酒店综合用品包括保险柜（箱）、保管箱（柜）、电子箱抽屉、书报架、陈列架等。

十七、卫浴设备

常见的酒店卫浴设备包括浴缸（整体浴缸）、面盆、厨用水盆、坐便器（马桶）、冲便器（小便器）、蹲便器、净身器、陶瓷水槽、整体浴室、毛巾架、浴缸扶手、挂衣钩、梳妆架、净器龙头、水管配件、套装组合件、整体浴房、卫生陶瓷、浴室配件、水龙头、洗脸盆、干手机、喷香机、皂液机、纸架等。

十八、清洁处理设备

常用的清洁处理设备包括擦地机、抛光机、擦地抛光机、吸尘器、吸尘吸水机、清洗机、压干机、高压冲洗机、洗地吸干机、扫地机、清扫器、打蜡机、地毯干洗机、地毯抽洗机、高泡洗沙发机、地毯梳整机、多功能地毯清洗机、磨砂机、吹干机、洗地机、吸水机、擦窗机、翻新机、洗手间清洁设备、喷香机、空气净化器以及其他清洁机械。

十九、洗涤设备

（一）干洗及湿洗设备

常用的干洗及湿洗设备包括干洗机、水洗机、干衣机、脱水机、洗脱两用机等。

（二）烘干设备

常用的烘干设备包括烘干机、蒸汽发生器等。

（三）熨烫设备

常用的熨烫设备包括人像机、熨夹机、烫平机、折叠机、熨烫台、去渍台、熨衣裤板、电熨斗等。

二十、环保设备

酒店常用的环保设备包括除尘设备、污水处理设备、空气净化设备、消毒设备、油烟排放净化设备、饮用水净化设备、消声设备、暖通空调防垢设备、管道疏通设备、垃圾废品处理设备、压铁（铝）罐处理机等。

知识链接

酒店的奢华之旅

1. 阿布扎比宫殿酒店

宫殿酒店（Emirates Palace）位于阿拉伯联合酋长国首都阿布扎比（Abu Dhabi）西北的海岸边，耗资 30 亿美元，是迄今为止最为奢华、最贵的酒店，被认为“简直是为国王而建的”。该酒店北面和西面临海，是一座古典式的阿拉伯皇宫式建筑（以前只有在电影中才可以看到）。远远看去，它有点像清真寺，也有点像传说中的辛巴德或阿里巴巴时代的皇宫（见图 3-3）。每座宫殿都有一个传说故事，具有浓郁的民族色彩。这座与阿联酋总统府仅一街之隔的宫殿式酒店，远看像一座巨大的城堡，拥有 1 300 多米长的黄金海岸线。

酒店的装修用 40 吨黄金打造，价值连城，豪华奢侈，使用最新材料和技术。酒店的圆顶用最新照明技术、防腐特殊材料和纯金制造，一到晚上就会自动发光，金光闪闪，永不掉色。据说，这个圆顶还是世界上最大的圆顶建筑。酒店总共用了 19 万立方英尺（约

5 380 立方米）进口大理石、1 002 盏施华洛世奇水晶枝形吊灯（单是特别定制的水晶吊灯就须 10 名清洁工打理）。酒店还拥有私有沙滩、两座池塘，其间散布着一些按摩浴缸。

饭店正门的外形有点像巴黎的凯旋门，汽车穿过“凯旋门”，经过一条三四百米长的坡道，便来到了位于四楼的饭店大厅。该饭店共有大小圆屋顶 114 个，体现了阿拉伯风格。酒店的内部装饰同样令人惊艳。顶部所悬挂的 1 002 盏施华洛世奇水晶枝形吊灯，璀璨夺目的光芒让人瞠目结舌。除了最好的大理石和马赛克，以及价值不菲的油画装饰外，连每一块指示牌都金光熠熠，让这座酒店成为神话中才有的“黄金宫”（见图 3－4）。

图 3－3　阿布扎比宫殿酒店外观

图 3－4　阿布扎比宫殿酒店内饰

酒店内部面积达 242 820 平方米，但客房只有不到 400 间；酒店内有一个面积达 7 000 平方米、中东地区最大的豪华礼堂，可容纳 1 200 人开会；有一个可容纳 2 800 人的舞厅；有 12 个餐厅和 8 个娱乐厅，配有 128 间厨房和餐具室，可同时接待 2 000 多人就餐。另有 40 个会议室和附带 12 个工作间的新闻中心。从饭店通道一头走到另一头，长近千米，有时客人在饭店用餐或购物后经常找不到房间，得找服务员领路才能“回府”。

整个酒店共有 394 套客房，分为总统套间、宫殿套间、海湾豪华套间、海湾套间、钻石客房、珍珠客房、珊瑚客房和豪华客房 8 种。客房的地板是大理石或地毯，房间价格从 600 美元至 13 000 美元不等，外加 20%的服务费。最小的房间客房面积为 55 平方米，最大的总统套间面积近千平方米。16 套宫殿套间位于饭店的六层和七层，每套面积达 680 平方米。每个套间有 7 名专门的服务员在门外 24 小时待命，随时听候客人的吩咐。客人入住前，服务员会把套间里的电脑等设备的语言调整为客人最熟悉的语种，让卧室、客厅和餐厅里的电视上播放客人喜欢的电视节目或音乐。酒店顶层的 6 个总统套间，只接待来自海湾地区的元首或王室成员，还有专属的入口车道。

这家酒店的独特之处不限于表面的豪华，还在于不为人知的管道系统。管道内蜿蜒着近 1 000 千米的蓝色、红色与绿色的光缆和电缆，以及其他多种时髦玩意，都在向人们展示高科技才是这家酒店最耀眼的招牌。此外，酒店拥有长达 1 英里（约 1.6 千米）的私人海滩，两座面积有数个足球场那么大的游泳池。房客在海滩游泳池边享受阳光时，服务生的服务甚至做到为你擦太阳镜、洒水雾消暑。

在这里工作的员工远比客人多得多，酒店职员和宾客的比例达 6∶1。饭店走廊又多又长，经常有工作人员在上班时迷路。由于内部面积过大，有些楼梯间距超过1千米，为方便员工正常活动，酒店还为职工配备了45辆高尔夫球场专用的高尔夫球车代步。

宫殿酒店是世界上唯一的八星级酒店，是一座从沙漠中拔地而起的奇迹。金碧辉煌的阿拉伯建筑，体现了阿拉伯皇族的富贵与华丽。酒店最初是为迎接海湾合作委员会首脑会议在阿布扎比召开而修建的，后改为豪华酒店。

2. 伯瓷酒店

伯瓷酒店即阿拉伯塔酒店，又称迪拜帆船酒店，位于中东地区阿拉伯联合酋长国迪拜酋长国的迪拜市，为全世界最豪华的酒店之一，是世界上第一家七星级酒店。

阿拉伯塔最初的创意是由阿联酋国防部部长、迪拜王储阿勒马克图姆提出的，他梦想给迪拜一个悉尼歌剧院、埃菲尔铁塔式的地标。经过全世界上百名设计师的奇思妙想加上迪拜人巨大的钱口袋和5年时间，终于缔造出一个梦幻般的建筑——阿拉伯塔酒店。阿拉伯塔仿佛是阿拉丁的宫殿：墙上挂着著名艺术家的油画；每个房间有17个电话筒，门把和厕所水管都“爬”满黄金，每个套房中还有为客人解释各项高科技设备的私人管家——全部202间套房中，最低的房价也要900美元一晚，25层的皇家套房则需18 000美元一晚——这里搜罗了来自世界各地的摆设，有私家电梯、私家电影院、私家餐厅、旋转睡床、可选择上中下三段式喷水的淋浴喷头等。景色旖旎的绵长的沙滩海岸和温暖的大海、迷人的沙漠成为喜欢冒险游客的理想地。

阿拉伯塔酒店共有高级客房202间，建立在离海岸线278米处的人工岛Jumeirah Beach Resort上。酒店糅合了最新的建筑及工程科技，迷人的景致及造型，使它看上去仿佛和天空融为一体。2005年2月22日排名世界第一的网球巨星瑞士选手费德勒和美国传奇老将阿加西在参加迪拜公开赛间隙，来到阿拉伯塔酒店顶端的一个独一无二的空中网球场进行了一场别开生面的友谊赛，据称此网球场原是直升机停机坪，距离地面200多米。

酒店拥有八辆宝马和两辆劳斯莱斯，专供接送住店旅客直接往返机场。客人如果想在海鲜餐厅就餐，他们将被潜水艇送到餐厅，这样他们在就餐前就可以欣赏到海底奇观。

大厅、中庭、套房、浴室……任何地方都是金灿灿的，连门把手、水龙头、烟灰缸、衣帽钩，甚至一张便条纸，都镀满了黄金。虽说只是薄薄的一层，却超出了客人的想象力，即使是很多大人物也都眼前一亮、受宠若惊。已故时装设计师范思哲先生是见过大世面的人，他居然也被酒店的奢华给镇住了，安睡一夜之后，他极为受用，逢人便赞叹不已。纸醉金迷，往往是影射精神堕落的字眼，但阿拉伯塔酒店的“黄金屋”却令人喜爱而不沉迷，任何细节都处理得绅士般矜持、淑女般优雅，没有携带一丝一毫的俗气。比如窗帘、坐垫、橱柜、冰箱……大大小小，每件都是俗中求雅，且俗且雅。

【任务评价】

评价内容	评价方式			评价等级
	自评	小组评议	教师评议	
1. 了解酒店硬件设施设备对经营活动的影响和作用				
2. 掌握酒店硬件设施的类别				
总　　评				

任务二　感受——宾至如归的软件服务

【情境导入】

听到客人的谴责之后

“十一”黄金周的一天19:40，总机接到一位外地客人打来的电话，他是自己驾车携家人来新昌游玩，并且已在酒店订了房，但天色已晚，不知该怎样行车才能到达酒店。总机话务员自认为对本城最熟悉不过了，于是问清客人的位置后，给他指了一条最便捷的行车路线。

20分钟后，这位客人再次打来电话，说他们已经在东门大转盘了，可是还没找到酒店，于是总机话务员不假思索地告诉客人：“绕过转盘上来100米，在国邦大酒店门口向左一拐就看见咱们酒店了！”

“上来？上哪儿来？我眼前有三四条路，哎，我又不是本地人，你咋不知道呢?!”电话那头的呵斥声让总机话务员停了两秒钟后才反应过来，其实在那个转盘里立有一块酒店方向的指示牌，因为不是很大，客人可能没注意，于是总机话务员连忙说了一声对不起后，提醒他注意立在转盘里面的指示牌。一经提醒，客人马上就看到了指示牌，说了句“知道了”就挂了电话。

【知识预备】

一、酒店服务的定义

1960年，美国营销学会（AMA）对服务的定义：服务是为销售商品或在商品销售中所提供的活动、利益和满足。

1992年，质量管理和质量保证标准ISO8402对服务的定义：服务为满足顾客的需要，供方和顾客之间接触的活动以及供方内部活动所产生的结果。这一定义包括四个层次：在供方与客人的接触中，供方或客人可表现为人员或设备；在客人与客人的接触中，客人的活动对服务的提供可能是必不可少的；有形产品的提供或使用可构成服务提供的一个部分；服务可与有形产品制造和提供相联系。

市场营销学界在 AMA 对服务的定义（1960 年）的基础上进行了补充和完善：服务是可被区分界定的，主要为不可感知却可使欲望获得满足的活动，而这种活动并不需要与其他产品或服务出售联系在一起。生产服务时可能会或不会利用实物，而且即使需要借助某些实物协助生产服务，这些实物的所有权也不涉及转移问题。

西方酒店业认为服务即 SERVICE，每个字母都有着丰富的含义。

(1) S——Smile（微笑），其含义是服务员应该对每一位客人提供微笑服务。

(2) E——Excellent（出色），其含义是服务员将每一服务程序、每一微小工作都做得很出色。

(3) R——Ready（准备），其含义是服务员应该随时准备好为客人服务。

(4) V——Viewing（看待），其含义是服务员应该将每一位客人看作需要提供优质服务的贵宾。

(5) I——Inviting（邀请），其含义是服务员在每一次接待服务结束时，都应该显示出诚意和敬意，主动邀请客人再次光临。

(6) C——Creating（创造），其含义是每一位服务员都应该想方设法精心创造出使客人能享受其热情服务的氛围。

(7) E——Eye（眼光），其含义是每一位服务员都应该始终以热情友好的眼光关注客人，适应客人心理，预测客人需求，及时提供有效的服务，使客人时刻感受到服务员在关心自己。

二、酒店服务的基本特征

（一）无形性

无形性是服务的最主要特征，包括两层含义：一是与有形的消费品或产业用品相比，服务的特质及组成服务的元素很多时候都是无形的，让人不能触摸或凭肉眼看不见；二是不仅其特质无形无质，甚至使用服务后的利益也很难被觉察。因此，购买服务必须参考许多意见与态度等方面的信息，再次购买则依赖先前的经验。

（二）不可分离性

服务的不可分离性是指服务的生产过程和消费过程同时进行，也就是说，服务人员提供服务给客人时，也正是客人消费服务的时候。两者在时间上不可分离，这是由于服务本身不是一个具体的物品，而是一系列的活动或过程，所以在服务的过程中消费者和生产者必须直接发生联系，生产的过程也就是消费的过程。服务的这种特性表明，客人只有并且必须加入服务过程中才能最终消费到服务，也就是说，客人在某种程度上参与了服务的生产过程。

（三）不可储存性

基于服务的无形性和生产与消费的同时性，使得服务不可能像有形的消费品和产业用品一样被储存起来，以备未来出售，而且消费者在大多数情况下，也不能将服务携带回家安放。当然，提供服务的各种设备可能会提前准备好，但生产出来的服务如果不消费掉，就会造成损失（如酒店的空房）。不过这种损失不像有形产品损失那样明显，仅表现为机会的丧失和折旧的发生。

（四）差异性

差异性是指服务的构成成分及其质量水平经常变化，很难统一界定。一方面，由于服务人员自身因素（如心理状态）的影响，即使由同一服务人员所提供的服务也可能会有不同的水准；另一方面，由于客人参与服务的生产和消费过程，客人本身的因素（如知识水平、兴趣爱好）也直接影响服务的质量和效果。

（五）缺乏所有权

缺乏所有权是指服务的生产和消费过程不涉及任何东西所有权的转移。既然服务是无形而又不可储存的，服务在交易完成后便消失，因此消费者就没有“实质性”地拥有任何实物。

【知识情境】

一、酒店服务的十把金钥匙

在国际上，通常认为酒店从业人员必须掌握酒店服务的十把金钥匙。

（一）宾客至上

“宾客至上”是每一家酒店的经营宗旨，也是每一位酒店从业人员的行为准则。为此，酒店服务员应树立并增强服务意识，关心和体贴每一位客人。无论是在工作顺利时还是在遇到困难时，无论在情绪饱满时还是因各种原因出现情绪波动时，服务员都应一如既往地全心全意为每一位客人提供优质服务。

（二）微笑

微笑服务是礼貌服务的具体体现，是一种易于被客人接受、能够提高服务质量的劳动形式，也是一种特殊的无声语言，服务员应充分认识到自己在酒店服务中的地位，主动为客人提供微笑服务，从而让客人真正感受到“宾至如归”的服务气氛。

（三）真诚、诚实和友好

真诚、诚实和友好要求服务员无论是在介绍酒店产品时，还是在服务过程中，都应想客人所想，急客人所急，尽力为客人服务。同时，在对客服务中还应热情友好地积极与客人沟通，了解客人需要并予以及时满足。

（四）快速、敏捷的服务

快速、敏捷的服务主要是指酒店服务员在服务过程中应讲究服务效率，即应具有时间观念和工作节奏。服务员应根据客人的实际需要，在客人最需要某项服务的时候即时提供。服务效率表示一家酒店对客人的关注程度。

（五）掌握两句最常用的服务用语

当遇见客人时，服务员应说：“我能帮助您吗?”当客人道谢时，服务员应说：“乐意为您效劳。”这两句常用的服务用语向客人展示了酒店服务员的谦恭、礼貌，体现出其训练有素。

知识链接

对客服务的语言技巧见表 3－1。

表 3－1　对客服务的语言技巧

不应该说	应该说
你是谁?	请问您是哪位?
你叫什么名字?	对不起，我没听清楚您的名字。
你要什么?	我能帮您什么忙吗?
请说大声点。	对不起，我听不到您在说什么，您能说大声一点吗?
哦，我不是你要找的人。	对不起，汤姆夫人，您要找的人不是我。
他出去吃午饭了。	汤姆先生离开办公室已有一小时了，要我叫他给您回电话吗?
你得打电话到财务办公室。	我们的财务办公室可以提供这方面的信息，我很高兴帮您与他们联系。
对不起，我帮不了你。	这里没有那些资料。是否需要让质量服务部的员工给您打电话?
这件事情我帮不上你忙。	我会把这件事记在我的日历上，下周二我会再检查一下您的要求。到时候我再打电话给您。

（六）佩戴好自己的铭牌

酒店服务员佩戴好自己铭牌的主要目的是便于客人联系，当客人需要帮助时，他就可方便地招呼服务员，因星级酒店接待的客人来自世界各地，为方便沟通，铭牌上的姓名以中英文同时表示。

（七）注意自己的仪容仪表

酒店服务员的仪容仪表是酒店服务质量的一项重要组成部分，因此，酒店服务员必须具有良好的精神面貌，应做到表情自然、面带微笑、亲切和蔼、端庄稳重、不卑不亢；制服必须保持整洁，穿着符合酒店规定；容颜必须经过精心修饰，不得佩戴华丽显眼装饰品，以免喧宾夺主。

（八）团队精神

酒店的服务或管理工作不是某一个人或几个人就能做好的，酒店业务的特点之一就是需要良好的团队精神。因此，美国酒店管理界认为酒店管理理论是机器理论，即酒店犹如一台机器，需要各零部件都处于完好状态并配合默契才能正常运作，一个零部件的不佳都会使机器不能正常运行甚至瘫痪。日本酒店管理界则认为酒店管理理论是人体理论，即酒店犹如一个人，需要各组织、器官等的完好无损并互相协调才能健康生活，一个脏器的不佳都会使人生病甚至死亡。这一切都说明酒店业务需要所有人员的精诚合作才能实现其预定目标。

（九）以尊称问候客人

酒店服务员应以客人的姓，再加上尊称去主动问候客人，使客人产生宾至如归的感觉。这就要求服务员必须具有良好的记忆能力，尽量记住每一位曾经来消费的客人姓名，在下一次遇见他时，即以尊称问候他。这种服务的效果是令客人感受到自己是贵宾，时刻受到酒店的关注。

（十）熟悉自己的工作、酒店及相关信息

酒店中有许多分工不同的部门和岗位，员工各司其职。但当客人需要帮助时，他会随时向任何一个服务员询问，因为他认为酒店中的每一位服务员都有义务为他服务，因此，酒店服务员所掌握的不应仅局限于本部门或本岗位所需的专业知识和能力，而应拓展至酒店服务与管理所需的全方位的知识和能力。

知识链接

酒店服务管理 100 条

1. 最重要的一条是：态度决定一切。这里态度包括对工作的态度、对客人的态度、对学习的态度和对解决问题的态度等。

2. 管理理念强调的是友好、高效和温馨的服务氛围；要求员工热爱这份工作，保持愉快的心情工作，并且把工作当作乐趣。

3. 客人到酒店买一杯咖啡时，也许咖啡本身没有多大的差别，但这杯咖啡是通过什么方式端上来的，客人是否能从服务员的服务中体验到尊重、微笑和认同等，才是差别所在。我们希望为客人提供的每一杯咖啡都充满了尊重与微笑。

4. 每一位员工（含管理者）都要做到眼里有活，要有眼色。

5. 每一位员工（含管理者）都要有预见客人服务需求的能力。

6. 有工作激情才能做好每一件事。

7. 追求个性化服务：既要为客人提供优质满意的服务，又要给客人提供惊喜的服务；既要想客人所想，又要想客人所未想。

8. 追求人性化服务：一切从客人的角度出发考虑问题，而不是让客人来将就和适应我们。

9. 追求零缺点服务。

10. 服务无小事。

11. 服务无止境。

12. 无数点点滴滴的服务小细节（冬天马桶的坐垫套，客房牙刷、漱口杯的区分等）升华为让客人满意的优质服务。

13. 展现在客人面前的是最美好的、高品位、高质量的东西。

14. 服务公式：100－1≤0。

15. 服务准则：热情、周到、耐心、细致、快捷、准确、安全、大方。

16. 茶水要热、心要暖、腿要勤、嘴要甜、手要麻利、眼要灵。

17. 接电话时即使对方看不见也要面带微笑，毕恭毕敬。

18. 服务员也好，厨师也好，做什么事情多想想为什么是这样做，有没有更好的方法。另外，还要能吃得了苦和吃得了亏。

19. 每个人都应该经常进行换位思考：如果你是客人，这样你就能体会到客人花钱是来享受的而不是来受气的。

20. 服务员值台时要做到分工不分家：该帮忙时要帮忙，该出手时要出手，协同作战，互相帮助。

21. 不要忽视每一位潜在客人。不要放过来酒店的每一位客人，哪怕他只要了一盘青菜或是一碗面条。

22. 去与客人进行沟通交流。在和客人沟通时要注意说话技巧，杜绝生硬、套话；要好好揣摩，不同场合、不同时机，话应该怎么说。

23. 优质服务没有什么捷径可走，关键在于现场管理要到位以及不间断地培训。现场管理又体现在现场督导和走动式管理上；不间断培训主要是指员工需要不断地学习提高和更新知识，以及经常进行模拟操练。考评也要跟上，这样员工才会有压力和动力。

24. 在酒店任何场所，看到客人要向客人微笑问好，传菜员在传菜过程中碰到客人时要做到：一停二让三问好。吧台吧员、收银员对前来吧台的客人要微笑问好。

25. 上客高峰期，大门口迎宾员太忙时，客人未到的值台女服务员应到大门口站台，协助迎宾员迎带客人。

26. 服务员在为客人服务过程中要掌握轻重缓急：先帮客人拉椅让座，客人入座后先倒茶水、酒水；然后撤去多余的餐具、椅子（添补餐具、椅子例外）等；在服务过程中，绝不允许服务员离岗超过 3 分钟（包括送单、取酒水、埋单等）。

27. 值台服务员要面向就餐客人值台；不要背对客人或倚靠柱子、吧台等，要时刻注意客人就餐状态，随时随地为客人提供服务；勤斟酒水/茶水，勤换骨碟、烟缸，勤清理桌面，及时催菜等。尽量做到不让客人自己倒茶水、酒水，自己分汤等。若客人不抽烟，可把桌上烟缸撤走，斟完酒水把茶杯撤掉，桌面会宽敞些。

28. 大厅服务员要经常巡台，并及时为客人提供服务；杜绝站着发呆、不为客人服务的现象；更不允许客人坐下超过 30 秒无人搭理或不上茶以及客人呼唤服务员的现象发生。

29. 包房服务员在客人就餐过程中要进包房（除非客人特别要求例外）。

30. 传菜员传菜，服务员在为客人换骨碟、烟缸时要用托盘。

31. 点菜员在为客人点菜时要向客人介绍每种海鲜不同烹调方法的不同特点，以供客人对比参考选择。

32. 当上菜速度较慢、客人等了较长时间才上菜时，服务员在报完菜名后要对客人说："先生（小姐），对不起，让您久等了，请慢用。"

33. 在为客人上菜时要报菜名；声音大小适中、甜润，不能有气无力。

34. 在为客人倒完茶或斟完酒水时要说："请慢用。"

35. 服务员在和客人说话或为客人介绍时要注意说话节奏：不能太快！要避免面部表情呆板、冷淡、没笑容；说话语气生硬、沉闷。

36. 客人结账离开时要把客人送到门口，并交给迎宾员。送客人时要善于与客人沟通交流：边走边征询客人对服务、菜品、环境、人格等的意见。

37. 大厅设专职撤台员，以保证值台服务员不缺岗，避免产生真空。当值台服务员离开客人去吧台取酒、结账或其他时，一定要请邻近的服务员帮忙照看一下并提供服务。

38. 重要客人或人数多的包房要派 2～3 名服务员（最好由领班以上带领）去服务，1～2 人倒酒，1 人服务或派菜。

39. 对素质较差的客人，服务员不要与其争辩，实在无法忍让时可要求主管调换岗位。

40. 看到不好现象要及时改正（如台面铺歪了、餐具破损、地上有垃圾等）。

41. 服务员在服务过程中要注意客人及同事间体态语言（眼神、手势等）的运用。

42. 餐前检查时要不放过每一细微处：摆台是否规范，餐具是否破损，椅子脏不脏等。

43. 迎宾员带客领台技巧：分散就座，看起来大厅人较多，同时各服务员都有台，不会造成一个服务员很忙、其他服务员很闲的现象。

44. 服务员挂牌服务：在大厅显眼处张贴值台服务员照片资料，供客人监督；新员工上岗必须为其指派师傅，手把手传帮带。

45. 适时给员工以压力，奖优罚劣。

46. 服务员对客人的爱好习惯要牢记在心。

47. 每周开一次找差距总结工作会（每个人都说自己工作的不足，这周学到了什么东西）。

48. 管理者要善于发现问题和解决问题。

49. 管理者也要注意和员工说话时的语气、态度；忌生硬、责骂，少训斥。

50. 管理者要为员工创造一个良好的工作环境和一份为客人提供优质服务的好心情，这样员工才能满腔热情地去为客人服务。

51. 员工的业余生活是消除员工工作枯燥乏味、消极怠工的积极辅助手段。它既有利于聚拢人心，也有利于提高服务质量。

52. 经常与员工谈心，及时了解员工的思想动态，掌握员工每天都在想什么。

53. 收银员在客人在场或离客人较近时，说话要注意规范用语。

54. 主管要在各自管辖区域督导、跟踪、指导服务员的现场服务。

55. 主管在开餐前务必进行餐前检查，包括音响设施、话筒有无杂音、灯光是否昏暗、电话是否可用等，发现问题及时处理。

56. 每月评选出 1～2 名服务明星（销售能手、创新菜冠军、委屈奖等）现身说法，给其他员工做榜样、树典型。

57. 重视亲和力的培养：每个员工都应该是极具亲和力的友善大使。

58. 主管、服务员每月用一定的时间到周边单位去发送宣传卡片、拜访老客户、开发新客户，了解市场开发的难度。

59. 管理人员要经常电话拜访客户。

60. 营业额超标时，给员工以适当奖励。

61. 管理者每天下班前要填写工作报告。

62. 在工作岗位上要随时面带微笑、精神饱满、礼貌待客、热情主动、和蔼可亲、精力集中，不可心不在焉，随时准备为客人服务。

63. 女员工头发：前不遮眼，后不过肩，梳理整齐，长发盘起。男员工头发：侧不过耳，后不过领，不留鬓角。

64. 女员工上班前要化淡妆，不佩戴饰物（婚戒除外），男员工不留胡须。

65. 上班着工装，保持工装整齐、无污迹、纽扣齐全、无开线处。正确佩戴工号牌。

66. 不留长指甲，不涂指甲油，不吹烫怪异发型，不染彩色头发。上班时不穿拖鞋、旅游鞋。鞋子要干净。穿规定的鞋袜，女员工穿肉色袜子，男员工穿深色袜子。女员工的丝袜无破洞和跳丝。

67. 站姿、站立服务是酒店优质服务的基本要求，站姿要优美文雅，体现员工素质、修养和风度。站立时，做到挺胸、收腹、眼神自然、两眼平视前方或注意服务客人。不凝视一个固定位置而显呆滞。双肩保持水平放松，身体重心向下，不偏左偏右，嘴微闭，两手自然下垂或体前交叉。身体正直平稳，保持微笑状态，头部端正，微收下颌。

68. 行姿、行走时，在正确站姿基础上，两脚自然前后移动，两臂前后自然摆动。同时，遵循“右行定律”，走直线。路遇客人，面带微笑，主动问好，侧身礼让。

69. 手势。对客服务，手势运用正确、规范、优美、自然。给客人指示方向，手臂伸直，手指自然并拢，手掌向上，以肘关节为轴心指示目标，眼睛兼顾客人和目标。面带微笑，配合语言运用。

70. 坐姿。保持正确坐姿，重心垂直向下。平稳自然入座，不前俯后仰，身体扭曲，不摇腿跷足。

71. 员工必须严格遵守工作时间，不迟到、不早退、不旷工，不私自换班或调休。未与下一班当面接班前，不准擅自离岗。

72. 服从领导工作安排，按时按规范标准完成任务，不无故拖延、拒绝或终止工作。

73. 热爱企业，爱店如家，勤奋工作，尽职尽责。

74. 团结协作，互帮互助，虚心好学，求实上进。

75. 工作务求准确、精确、圆满、高效，切忌拖拉疲沓，丢三落四，漫不经心。

76. 不串岗、脱岗、溜岗、扎堆闲聊。站立服务，不倚不靠。

77. 不准在工作时间接待亲友、做与工作无关的事、阅读与工作无关的书刊、处理个人私事、打私人电话，更不准利用工作之便假公济私。

78. 勤洗澡，勤换衣，勤理发，勤刷牙，勤剪指甲，保持个人清洁卫生。不使用香味过浓的香水或发油。

79. 上班时不饮酒，不吸烟，不吃有异味的食品，保持口腔清洁卫生，防治口臭。

80. 员工上下班走员工通道。

81. 行走不得三人并行，不得手插衣裤袋，不能手挽手或勾肩搭背。

82. 工作中，行走只能用小碎步，不得大步行走或一路小跑。

83. 员工在工作场所内，与远距离的客人、熟人或同事打招呼，只能用目光示意、点头或简单手势，不得大声呼叫，如同事间有事相问，只能走近再讲。

84. 员工传递单据、文件、信件或其他资料，均须使用文件夹，任何物品不可夹于腋下行走。

85. 保持工作环境清洁卫生，爱护公司的一切设施设备及公共财物，不私自食、饮酒店的食品、饮料。提倡勤俭节约，反对铺张浪费。

86. 上班时间不会客，不接打私人电话（紧急情况除外），进出酒店如携带物品需主动接受保安检查。

87. 拾得客人遗留物品，必须及时上交部门负责人，并如实登记拾物经过，以便妥善处理。

88. 服务员累计一天超过三次过失，管理人员（领班或部长）应记过失一次。

89. 礼貌修养。酒店员工应具有良好的礼貌修养，掌握不同地区的风俗习惯和礼仪知识。在接待服务过程中，能够区别不同时间、场合、情景、接待对象和客人风俗，正确运用问候礼节、称呼礼节、应答礼节、迎送礼节、操作礼节。

90. 待客礼节。(1) 待客热情，笑脸相迎，见面问候。进出、上下礼让客人。(2) 称呼客人恰当，谈吐举止得体，语调温和，亲切、大方、自然。(3) 回答客人询问，做到热情、耐心、仔细、清楚、百问不厌，忌说“不”“不行”“不知道”，要想方设法满足客人所需。(4) 礼貌待客，不卑不亢，落落大方。(5) 绝不与客人争辩。

91. 服务礼节。日常服务尊重客人风俗习惯和宗教信仰，对客人服饰、容貌、不同习惯和不同宗教信仰之动作、语言，不讥笑，不品头论足。进入客人房间前，先敲门。不乱翻、乱动客人物品。客人用餐主动领位，拉椅让座。交给客人物品，应双手奉上。

92. 准时守信。参加活动准时到达，不随意拖拉、延误，无失约现象发生。约请客人或按客人提出的时间提供某种服务，均要严格遵守时间，提前 3～5 分钟到。

93. 对老弱妇幼、行动不便的病人，礼貌尊重，服务耐心、周到。在接待服务中，对带小孩的客人要特别照顾，未经客人允许，不随意抱玩客人小孩，不随意摸小孩的头，以防引起客人不满。不讥笑客人的外形或举止，客人有不便，应主动扶助。

94. 待客的忌讳。忌讳打听客人的私事，忌讳打听客人的去向。

95. 语言规范。(1) 说好第一句话。(2) 使用语言准确。(3) 讲究语法结构。(4) 注意语调和语气。(5) 注意面部表情：准确运用面部表情，给宾客留下亲切、愉快、舒适的印象。

96. 眼神接触。对老年人用尊敬的眼神，对小孩用爱护的眼神，对大多数客人用亲切、诚恳的眼神。平时要情绪稳定，目光平视，面部表情要根据接待对象和说话内容而变化。

97. 必须认真倾听宾客投诉，在任何情况下不得与宾客争辩。

98. 总经理授权部门经理负责处理宾客投诉，当事人原则上应主动回避，不得自行处理与宾客发生的纠纷。

99. 专注听取宾客投诉。任何投诉，均需书面记录，并尽可能给予答复，各部门要于两天内将处理意见上报业务培训部。

100. 处理投诉的一般步骤：(1) 认真倾听，保持冷静。(2) 同情、理解、安慰客人，向客人致歉。(3) 对客人提出的问题给予足够重视。(4) 注意过程询问，记录要点。(5) 提出解决问题的具体措施。(6) 提出解决问题所需时间。(7) 追踪、督促补救措施的执行。

二、酒店的优质服务

酒店的优质服务是指在符合酒店行业标准或部门规章等通例的前提下，所提供的服务能够满足服务对象的合理需求和适当期许值，保证客人的满意度。

简单地说，优质服务=标准化服务+个性化服务。

(一) 优质服务的内容

1. 优良的服务态度

服务态度是指酒店各岗位的服务人员对待各类宾客所持的情绪反映。它是全心全意为宾客服务的思想在语言、表情、行为等方面的具体表现。服务态度是反映服务质量的基础，优质的服务是从优良的服务态度开始的。优良的服务态度主要表现在以下几点：

(1) 主动热情。

(2) 尽职尽责。

(3) 耐心周到。

(4) 文明礼貌。

2. 完好的服务设备

服务设备是指酒店用来提供服务的设备设施。它直接反映酒店服务质量的物质技术水平。一般包括房屋建筑、机器设备、交通工具、冷暖空调、电器设备、卫生设备、通信设备、各类家具和室内装饰等。对酒店的服务设备，要加强管理，精心保养，使之始终处于完好、正常的状态，随时随地保证对客服务的需要。

3. 完善的服务项目

酒店是一个向宾客提供食、宿、行、游、购、娱的综合性服务行业，这就决定了它的服务项目不能单一化，而应多样化。提供服务项目的多少，是酒店等级、规模、经营能力的体现。

现代酒店的服务项目，大体可以分为两类：一类是在服务过程中有明确、具体的规定，围绕主体业务所设立的服务项目，称之为基本服务项目，如住宿、用餐、购物、娱乐等；另一类是由宾客提出但并不是每个宾客都有需求的服务项目，称之为附加服务项目。从某种程度上说，个性化的附加服务项目比基本服务项目更能吸引宾客，给顾客留下深刻的印象。

4. 灵活的服务方式

服务方式是指酒店在热情、周到地为宾客服务时所采用的形式和方法。其核心是如何给宾客提供各种方便。服务的方式有许多，如微笑服务；个性化服务；细微化服务；定制化服务；无差距、零缺陷服务；情感化服务；无 NO 服务；超值服务；等等。

每个酒店的设施设备、员工素质、星级高低、接待对象不一样，所选择的服务方式也是有差别的，但一些共性的服务则是每家酒店都应提供的，如微笑服务、礼貌服务等。

5. 娴熟的服务技能

服务技能是指服务人员在接待服务工作中，应该掌握和具备的基本功。服务人员的操作技能娴熟与否，从一个侧面反映出其业务素质的高低和服务质量的好坏，娴熟的服务技能是提高服务水平、保证服务质量的技术前提。

6. 科学的服务程序

服务程序是构成酒店服务质量的重要内容之一。实践证明，娴熟的服务技能，加上科学的操作程序，是优质服务的基本保证。酒店的服务程序是根据客人的要求和习惯，经过科学的归纳，编制出来的规范化作业顺序。按程序工作就能保证服务质量；而随心所欲，不按照规程办事就会给工作造成被动，影响工作效率，招致客人投诉。

7. 快速的服务效率

服务效率是服务工作的时间概念，也是向宾客提供某种服务的时限。它不仅体现出服务人员的业务素质，也体现了酒店的管理效率，尤其在当今社会“时间就是金钱”的时间价值观念下，服务效率高不仅能够为客人节省时间，而且能够为客人带来效率。

8. 专业化的员工

人们常常忽略服务质量的重要内容。没有专业化的员工，其他服务设备、服务项目都谈不上完好，服务技能也不可能娴熟。因此，专业化的员工是服务质量的根本保证。

（二）如何做好优质服务

酒店服务对客人来讲，主要是一种经历。其价值能否实现，关键在于能否为客人创造价值，即能否为客人提供方便，创造欢乐。所以真正的优质服务必须站在客人的角度加以衡量，即优质服务就是能打动人心的服务。

1. 必须充分读懂客人的心态

客人并非职业人，而是追求享受的自由人，且是具有优越感的最爱面子的人。所以，其对酒店服务的评价往往带有很大的主观性，即以自己的感觉加以判断。为此，酒店的优质服务首先必须做到人性化。给客人一份亲情：于细微处见精神，于善小处见人情。酒店必须做到用心服务，细心观察客人的举动，耐心倾听客人的要求，真心提供真诚的服务，注意服务过程中的感情交流，创造轻松自然的氛围，使客人感到服务人员的每一个微笑、每一次问候、每一次服务都是发自肺腑的，真正体现一种独特的关注。给客人一份理解：由于客人的特殊心态和酒店的特定环境，有些客人往往会有一些不当行为，对此，酒店应该给予充分理解与包容。给客人一份自豪：“给足面子，挣足票子。”这是酒店的生财之道。只有让客人感到有面子，他才会听从你的安排；只有让客人感到愉悦，他才会常到酒店消费。所以，作为酒店的员工，必须懂得欣赏客人，让客人找到自我的感觉和当“上帝”的快乐。

2. 必须充分理解客人的需求

众所周知，客人的需求具有多样性和多变性，但作为消费者，必然有其共同的需求。酒店的服务要打动客人的心，其前提是必须满足客人的共同需求。按照服务营销理论，低成本、有品位、高品质是酒店客人的共同追求。客人在消费服务时，通常需要付出一定的货币、时间、体力和精力，即客人总是希望以尽量低的代价换取自己所需的服务。低成本，即酒店提供的服务必须充分考虑客人的支出，使客人感到花得值得，甚至超值。客人的消费，总会根据自己所处的层次和特定的消费目的选择酒店。有品位，即酒店提供的服务不能有失客人的身份，而应凸显和提升客人的身份和地位。客人到酒店是应该被服务的，酒店提供的服务应使客人有舒适和舒心之感，即要有高品质。

3. 应该努力超越客人的期望

要打动消费者的心，仅有满意是不够的，还必须让消费者惊喜。为此，酒店的优质服务应超越客人的期望，即酒店提供的服务是出乎客人意料或从未体验过的。要超越客人的期望，关键是酒店的服务必须做到个性化和超常化，并努力做好延伸服务。个性化即做到针对性和灵活性。客人是千差万别的，针对性就是要根据不同客人的需求和特点，提供具有个性化的服务。当然，要超越客人的期望，酒店的宣传及广告必须适度，既应展示酒店的服务特色和优势，令客人向往并吸引他们的光临；又应忠于客观实际，不能过度浮夸，以免造成客人期望值过高。

知识链接

华天酒店创新型的个性化服务体系

华天酒店始终把创新作为酒店与时俱进的秘诀之一。无论是硬件还是软件，都掌握一个原则，就是把握潮流动态，善于因时而动。因此，华天酒店的发展一路向前，并且一次次做了“第一个吃螃蟹的人”。其中，尤其值得一提的是华天酒店的个性化服务体系。

众所周知，美国的饭店以制度见长，欧洲的饭店以历史见长，而华天酒店与之相比较，则是以品牌文化为卖点，以文化中的情感取向作为发展的突破口。因此，华天酒店除了提供程序化、规范化、标准化的服务外，更突出个性化和细微化的服务，更注重用情、用心服务，将中华文化中的精粹部分，大胆地与服务相结合，使服务成为一种极致的艺术。

就拿管家服务为例。早在18世纪的英国皇室，有一群专门为皇室家族成员提供服务的人员，他们既亲自为皇室提供服务，同时又负责指挥和协调其他服务人员为皇室提供服务，这种传统一直延续到今天并逐渐演变成一种酒店专门为贵宾提供的服务。权威的酒店专家认为，管家服务是好酒店的“心脏”与“灵魂”，它的目标是追求极致，给客人满意加惊喜。因此，2005年年初，华天酒店也推出了专职管家服务，并把“专职管家服务，温馨生活新体验”作为服务目标，把“追求极致服务，打造尊贵品牌”作为管家服务的基本理念。那么，与国外酒店的贴身管家服务相比，华天酒店的专职管家服务有什么特点呢？答案就是：细致更多、创新更多、惊喜更多！

泰国公主诗琳通在临别前对她的管家苏珊说：“苏珊，你做得非常好，谢谢你这几天的照顾，我很满意。”其实，公主的感动仅仅是源于管家一周对她的细心体贴的照顾；仅仅是因为管家通过一粒金橘的核，发现她喜欢吃金橘，从而给她准备了金橘；仅仅是因为管家发现她喜欢听背景音乐《魅力东方情》，从而在她每次外出或回来的时候适时播放；

仅仅是因为管家提前查找资料了解到公主喜好，从而为她精心布置了房间。其实，这些事都是微不足道的，关键是打动了公主的心。

如果说公主的感动是源于管家用心和体贴的照顾，那么，被经济学家萧灼基教授称为“宾至如归”的原因又是什么呢？那就是“情”，是因为真情，才使得萧灼基对管家服务充满了信任与依赖。考虑到客人要发言做报告，管家就提前为他准备好西瓜霜润喉片；客人的腿行走不便，管家就主动搀扶他去剧场；一天的劳累使客人血压升高，回房后管家就细心为他准备药物和白开水。大家能想象得到，对于管家而言，照顾一位 72 岁高龄并患有脑血栓的老人，是一件多么艰难的工作！可客人被管家真诚的服务折服了，客人心灵深处的琴弦就因华天情而拨动了。所以，在观看节目的时候，当有关领导盛情邀请萧灼基到前排就座时，他要求把管家带上才答应。

美国魔术师大卫·科波菲尔入住迎宾楼总统套房 1518 房间，三位管家付出了超乎寻常的努力。自从得知客人入住信息后，他们就四处查找相关资料，在客人入店前就对房间进行了悉心准备，客人到店后更是进行全程跟踪服务，终于让平时比较严肃的大卫·科波菲尔深受感动，不仅主动要求和管家合影留念，更是诚邀管家到现场观看节目。

还有世界著名钢铁大王 Mittle 父子，他们就是因为管家服务太令人眷恋，所以在行程安排之外，多住了一个晚上。

这就是把精美化服务演绎到极致的魅力！

当管家服务把精美化服务演绎到极致时，越来越多的客人开始选择并钟爱管家服务，一到店就点名要管家服务。许多客人享受过管家服务后，就念念不忘，再次来当地，华天酒店就成为首选。一到华天酒店，就有“一见如故”的感觉，使“头回客”变成了“回头客”。这说明，管家服务对于提升酒店服务品质，真正打造一支精美化服务队伍，起到了积极的推动和示范作用。

知识链接

丽思·卡尔顿酒店的黄金标准

黄金标准是丽思·卡尔顿酒店的基础。这些标准涵盖酒店在经营中所奉行的价值观，其中包括：

信条

- 使宾客得到真诚关怀和舒适款待是丽思·卡尔顿的最高使命。
- 承诺为宾客提供体贴入微的个人服务和齐全完善的设施，营造亲切、舒适、优雅的环境。
- 丽思·卡尔顿体验带给宾客身心愉悦、至高享受，甚至还能满足宾客内心的愿望和需求。

座右铭

丽思·卡尔顿酒店的座右铭是“我们以绅士淑女的态度为绅士淑女服务”，而丽思·卡尔顿全体工作人员的预期式服务态度正是最好的佐证。

优质服务三步骤

- 热情真诚地问候宾客。亲切地称呼宾客姓名。
- 提前预期每位宾客的需求并积极满足。
- 亲切送别。亲切称呼客人姓名并告别。

服务准则：我以成为丽思·卡尔顿的一员感到自豪

- 建立良好的人际关系，为丽思·卡尔顿宾客创造优质生活。
- 敏锐察觉宾客明示和内心的愿望及需求并迅速做出反应。
- 能够为宾客创造独特难忘的体验。
- 了解自己在实现成功关键因素和创造丽思·卡尔顿法宝过程中所起的作用。
- 不断寻求机会创新与改进丽思·卡尔顿的服务。
- 勇于面对并快速解决宾客的问题。
- 创造团队合作和边缘服务的工作环境，从而满足宾客及同事之间的需求。
- 有机会不断学习和成长。
- 专心制订与自身相关的工作计划。
- 对自己专业的仪表、语言和举止感到自豪。
- 保护客人、同事的隐私和安全，并保护公司的机密信息和资产。
- 负责使清洁程度保持最高标准，创造安全无忧的环境。

丽思·卡尔顿承诺

在丽思·卡尔顿，员工是向客人提供服务的最重要资源。丽思·卡尔顿以信任、诚实、尊重、正直和献身精神为准则，培养并发挥员工的才能，从而实现每位员工和公司的双赢。丽思·卡尔顿致力于打造一个重视多元化、能够提高生活品质、实现个人抱负、稳固丽思·卡尔顿成功法宝的工作环境。

【任务评价】

评价内容	评价方式			评价等级
	自评	小组评议	教师评议	
1. 掌握酒店服务的定义				
2. 了解酒店服务观念的演变进程				
3. 掌握酒店服务的十把金钥匙				
4. 掌握酒店的优质服务				
总　评				

【拓展与练习】

一、拓展任务

拓展任务 1——以 3～5 人组成的小组为研究单位，通过资料查找和实地访查，选取一家酒店，对该酒店的硬件设施情况进行调研。

拓展任务 2——以 3～5 人组成的小组为研究单位，实地访查或电话调查一家酒店，以 2010 版《旅游饭店星级的划分与评定》中的酒店运营质量评价表（部分）为依据，对该酒店的前厅服务质量进行评价，如表 3－2 所示。

表 3－2　　酒店运营质量评价表

2. 前厅					
2.1	前厅服务质量				
2.1.1	总机	优	良	中	差
2.1.1.1	在正常情况下，电话铃响 10 声内应答	3	2	1	0
2.1.1.2	接电话时正确问候宾客，同时报出饭店名称，语音清晰，态度亲切	3	2	1	0
2.1.1.3	转接电话准确、及时、无差错（无人接听时，15 声后转回总机）	3	2	1	0
2.1.1.4	熟练掌握岗位英语或岗位专业用语	3	2	1	0
2.1.2	预订	优	良	中	差
2.1.2.1	及时接听电话，确认宾客抵离时间，语音清晰，态度亲切	3	2	1	0
2.1.2.2	熟悉饭店各项产品，正确描述房型差异，说明房价及所含内容	3	2	1	0
2.1.2.3	提供预订号码或预订姓名，询问宾客联系方式	3	2	1	0
2.1.2.4	说明饭店入住的有关规定，通话结束前重复确认预订的所有细节，并向宾客致谢	3	2	1	0
2.1.2.5	实时网络预订，界面友好，及时确认	3	2	1	0
2.1.3	入住登记	优	良	中	差
2.1.3.1	主动、友好地问候宾客，热情接待	3	2	1	0
2.1.3.2	与宾客确认离店日期，对话中用姓氏称呼宾客	3	2	1	0
2.1.3.3	询问宾客是否需要贵重物品寄存服务，并解释相关规定	3	2	1	0
2.1.3.4	登记验证、信息上传效率高、准确无差错	3	2	1	0
2.1.3.5	指示客房或电梯方向，或招呼行李员为宾客服务，祝愿宾客入住愉快	3	2	1	0
2.1.4	行李服务	优	良	中	差
2.1.4.1	正常情况下，有行李服务人员在门口热情友好地问候宾客	3	2	1	0
2.1.4.2	为宾客拉开车门或指引宾客进入饭店	3	2	1	0
2.1.4.3	帮助宾客搬运行李，确认行李件数，轻拿轻放，勤快主动	3	2	1	0
2.1.4.4	及时将行李送入房间，礼貌友好地问候宾客，将行李放在行李架或行李柜上，并向宾客致意	3	2	1	0
2.1.4.5	离店时及时收取行李，协助宾客将行李放入车辆中，并与宾客确认行李件数	3	2	1	0

2.1.5	礼宾、问讯服务	优	良	中	差
2.1.5.1	热情友好，乐于助人，及时响应宾客合理需求	3	2	1	0
2.1.5.2	熟悉饭店各项产品，包括客房、餐饮、娱乐等信息	3	2	1	0
2.1.5.3	熟悉饭店周边环境，包括当地特色商品、旅游景点、购物中心、文化设施、餐饮设施等信息；协助安排出租车	3	2	1	0
2.1.5.4	委托代办业务效率高，准确无差错	3	2	1	0
2.1.6	叫醒业务	优	良	中	差
2.1.6.1	重复宾客的要求，确保信息准确	3	2	1	0
2.1.6.2	有第二遍叫醒，准确、有效地叫醒宾客，人工叫醒电话正确问候宾客	3	2	1	0
2.1.7	结账	优	良	中	差
2.1.7.1	确认宾客的所有消费，提供总账单，条目清晰、正确完整	3	2	1	0
2.1.7.2	效率高，准确无差错	3	2	1	0
2.1.7.3	征求宾客意见，向宾客致谢并邀请宾客再次光临	3	2	1	0

二、思考与练习

1. 请举例说明酒店的硬件设施设备有哪些。
2. 请用具体例子说明奢华酒店对于“奢华”的理解。
3. 酒店服务的十把金钥匙是什么？
4. 如何理解酒店优质服务？请用具体例子加以阐述。

【项目小结】

本项目阐述了酒店服务的基本知识，包括为做好酒店服务，在完善酒店的硬件设施设备的同时做好酒店的软件服务。本项目重点是把握酒店服务的内涵、酒店服务的标准，需要加强实践操练。

项目四　由内而外的大精神

学习目标

◎ 了解酒店文化的含义、结构与特征
◎ 掌握酒店企业文化核心价值分析
◎ 掌握酒店企业文化建设过程
◎ 了解国际连锁酒店企业文化内涵建设
◎ 能对本地酒店企业文化建设进行基础性研究分析
◎ 能简单地制作酒店文化建设报告
◎ 了解“中国服务”与“金钥匙服务”

任务一　分析——酒店文化的核心价值

【情境导入】

漫步当代中国的街头，我们会发现越来越多的酒店品牌悄然出现在一幢比一幢漂亮的建筑物上，这对城市来说是一道亮丽的风景，对消费者来说多了一份选择，对酒店管理者来说又意味着什么呢？是竞争——不可避免的短兵相接的竞争：市场的竞争、人才的竞争、管理技术的竞争、企业文化的竞争。是竞合——竞争中的合作将成为现代市场经济条件下的另外一种必然选择。一方面，酒店业在动荡的市场环境中为了生存进行着产品的竞争、价格的竞争、客户的竞争，尽管竞争的最高境界是避免竞争；另一方面，为了在竞争中壮大起来，使行业健康持续地发展，吸收各种先进的管理技术和企业文化，培养和分享成长中的市场，酒店管理者要注意品牌和文化的建设，尤其是对于年轻的国内酒店集团的管理者来说更是如此。

【知识预备】

一、企业文化

在企业经营行为中，企业文化是贯穿始终的脉络，它是企业精神的基础，企业精神则是企业文化的结晶和闪光点。企业文化彰显企业精神，企业精神促进企业文化。加强企业文化建设的过程也是企业精神培养和提高的过程，弘扬企业精神就是对企业文化的促进和发展。只有两手一起抓，两手都过硬，企业才有希望在发展企业文化与弘扬企业精神的紧密结合中不断发展。

二、酒店文化的含义

酒店文化是酒店企业在经营管理活动中，由管理者和员工长期实践所创造的物质和精神财富的总和，是酒店特有的价值取向、行为取向、经营理念、企业精神和伦理道德等因素的总和。具体说就是酒店在特定的社会文化背景下，在其长期的经营管理活动中形成和发展起来的独具个性特点的一种文化现象，其实质是酒店企业的价值观，它是以精神现象、规章制度、物质现象和服务理念为载体的多层次的有序整体，是以精神现象为载体的观念文化，是酒店文化的精髓。酒店是劳动密集型行业，酒店产品就其本质来说是酒店员工所提供的服务。而影响酒店服务质量的因素太多了，绝不仅仅是靠提高科技含量、利用高新技术进行管理所能达到的。只有运用酒店文化的内涵来管理员工，从整体上提高员工的素质，才是提高酒店服务质量、增强酒店竞争力的重要手段。

【知识情境】

从结构来分，酒店文化有四个层次。

一、酒店文化的物质层，即酒店物质文化

酒店文化的物质层是酒店员工创造的产品和各种物质设施等构成的器物文化，它是宾客感官面对面接触的文化，宾客透过这些实实在在的感受来评价酒店的服务质量和特色，如硬件设施、服务人员着装、餐厅的环境、酒店装修风格、菜品、包装和设计等。

二、酒店文化的制度层，即酒店制度文化

酒店文化的制度层既是人的观念与意识形态的反映，又是由一定物的形式所构成的，是塑造精神文化的主要机制和载体，如酒店规章制度、员工行为准则等。酒店制度文化也是酒店行为得以贯彻的保证，是同酒店员工生产、学习、娱乐和生活等方面直接发生关系的行为，如文化建设得如何、酒店经营作风是否有活力等，都与制度文化的建设有密切的联系。

三、酒店文化的行为层，即酒店行为文化

酒店文化的行为层是指在酒店经营、教育宣传、人际关系活动、文娱体育活动中所产生的文化现象。它是酒店经营作风、精神风貌和人际关系的动态体现，是企业精神、企业价值观的折射。

四、酒店文化的精神层，即酒店精神文化

酒店文化的精神层在整个酒店文化系统中处于核心地位，是酒店生产经营过程中受一定的社会文化背景、意识形态影响而长期形成的一种精神成果和文化观念，积淀于内部员工心灵中的意识形态，如理想信念、道德规范、企业精神、企业经营哲学、企业道德、企业价值观和企业风貌等内容，是企业意识形态的总和。它是整个酒店文化的核心和灵魂，它作为无形的存在，调节和规定着酒店人的行为方式以及实现目标所选择的途径指向。酒店以精神文化为核心，渐次渗透到物质文化、制度文化、行为文化中，保证整个酒店系统能够向宾客提供优质服务。

知识链接

酒店文化的特征

一、以酒店价值观为基本出发点

酒店价值观是酒店企业在长期的生产经营活动中形成的，对于客观事物的总的根本性看法。它首先是一种明确的哲学思想，包含远大的价值理想，体现酒店企业长远的利益和根本利益。其次，酒店企业价值观是对酒店的生产经营目标、社会活动目标以及员工全面发展目标的一种综合追求，它全面地体现企业发展、社会发展与员工个人发展的一致性。每个酒店都有自己追求的最高目标、最高理想或最高宗旨，一旦这种最高目标和基本信念成为酒店员工的共同价值观，就会构成企业内部强烈的凝聚力和整合力，成为统领员工共同遵守的行动指南。因此，企业的价值观制约和支配着企业的宗旨、信念、

行动规范和追求目的。从这个意义上来说，酒店企业的价值观是酒店企业文化建设的基本出发点。如上海锦江集团的价值观是“视政治任务为第一，视社会效益为第一，视企业声誉为第一”。这个价值观与社会主义精神文明紧紧相连，成为“锦江模式”的核心，成为企业评判事物和指导员工行为的基本方针和尺度，成为一种无形的力量，激励员工的工作热情。

二、以人为本

“以人为本”的管理思想是酒店企业文化的主题。酒店提供的产品是服务，而且是员工与客人互动的面对面的服务，所以，员工是企业中最宝贵的资源和财富。如果酒店的管理层不尊重员工，那么，也就很难让员工尊重客人。因为员工每天都看着眼前的客人频繁地流动着、享受着，这很容易造成员工心理不平衡。如果企业管理层对员工坚持以人为本的精神，并把它作为一种企业精神树立起来，就可以在很大程度上缓解这种不平衡。对客人和员工的尊重都是人文精神的体现，而人文精神也是酒店企业文化中最基本的一点。

泰国曼谷的东方酒店和新加坡的丽思·卡尔顿酒店是世界十大最佳酒店榜的“常客”，曼谷东方酒店更是多次获得第一名。两家酒店的成功与它们特有的酒店文化分不开。东方酒店具有东方典雅的文化品位，给人最大的感受是无限的尊重和尊贵。该酒店的服务是家庭式的，突出了“忠实”和“谦恭”的服务特色。服务员工多数持有酒店的股票，并享有酒店各种优厚的福利，他们对酒店有很强的归属感。而丽思·卡尔顿酒店与东方酒店有着显著的差异，它几乎成为豪华的代名词。其豪华的建筑风格，充满现代感和冲击力的装修，无处不体现出该酒店现代商务酒店的气派。酒店的座右铭是“我们以绅士淑女的态度为绅士淑女服务”，该酒店把员工作为最重要的资源进行培训，希望立足于和谐的沟通，创造良好的环境，以开放、诚实和信任的态度为顾客提供服务。它的文化是平等、自在、“以客为先”。这种文化使员工充满自信和效率，他们拥有的权力足以快速解决客人的问题，而不用请示、请示，再请示，这种文化也迎合了高级商务酒店客人的需求。

东方酒店员工的忠实和谦恭，丽思·卡尔顿酒店员工的热情和自信，两者虽然有明显的差异，但我们不难发现这两种模式背后都有一种酒店文化在支持，这种价值观成为员工行为的准则和指南。不同的形式蕴涵着相同的本质：两家酒店用不同的方式实现了一个相同的价值观——以人为本。

三、以文化为引导

企业管理是由若干要素组成的一个整体。传统的企业管理强调组织形式、规章制度和手段等硬要素，忽视人员作风、企业精神等软要素；强调经济手段，忽视文化手段。现代酒店企业则应突出以文化为引导的软性管理，把企业精神和价值观置于管理要素中的核心地位，对其他要索起导向和黏合作用，建立起企业内部合作、友爱、奋进的文化环境，以及营造和谐的人群氛围，自动调节企业员工的心态和行动，使企业的共同目标转化成员工的自觉行动，使群体产生最大的协同力。如“锦江模式”，在运用严格规章制度管理的同时，注入人情味，使员工共同为实现企业目标而努力工作。

四、突出鲜明的个性

企业个性是一个酒店有别于其他酒店的经营管理特色。在酒店市场处于激烈竞争的状态下，鲜明的个性是酒店竞争的需要。特色经营是酒店企业文化竞争的基础，酒店企业经营管理一定要有特色，这种特色所形成的企业个性化，才会使企业在市场上的定位越来越清楚。酒店企业的个性一般表现在企业的产品、服务、经营方式等表层文化上，但是这些显露在外的表层文化的个性都是由企业精神和企业价值观的个性决定的。所以酒店企业要在市场竞争中立于不败之地，就要在产品、服务和经营方式上独树一帜，形成自己的独特风格，以满足顾客的需要，从而占领市场。

总之，酒店文化是酒店无形价值的体现，只有将这种宝贵的无形资产转化到具体实践的过程中，才能使酒店的凝聚力和向心力不断加强，成为酒店共同价值观的核心。通过合理配置人才、不断提高员工素质，努力造就一支高素质的员工队伍，以及富有个性的经营风格，使企业文化真正落到实处。酒店文化是实实在在的，必须从基础做起，必须从管理人员做起。酒店文化体现在酒店环境的布置中，体现在向客人的宣传中，更体现在酒店员工，特别是管理人员的日常管理行为中。酒店日常行为的持续创新是企业文化最有效的载体，如许多酒店准备有各种与酒店相关的日常用语，培训酒店员工使用宾客当地语言进行简单的沟通。正是这些从细微处人手的服务行为体现了酒店从顾客需求出发的企业文化。

知识链接

酒店企业精神

一、酒店企业精神的内涵

人们对企业精神的内涵有不同的见解。有人认为，企业精神是时代精神在企业中所体现的群体创业意识；有人认为，企业精神是指企业员工的群体意识、思维意识和一般心理状态。这两种见解都有其独到之处，但仔细推敲，前者定义过窄，因为它仅仅揭示了企业精神的部分内涵；而后者基于精神即意识的广义理解定义又过宽。我们认为，企业精神是企业为实现发展目标，在生产经营管理过程中长期精心培育而形成的，由企业理想、企业信念、企业价值观中的积极因素组成的一种人格化的理念和风范。

酒店企业精神是人格化的企业灵魂，是企业文化的核心内容。企业精神是企业高层次的精神追求，是现代意识与企业个性相结合的一种群体意识，是企业价值观的集中体现，是由企业理想、信念、价值取向、经营信条、道德标准、行为准则等汇集并经过加工、提炼而成的明确的意识形态。它不是一般意义上的理想、观念，而是一种经过长期培育、倡导，在企业内部形成的相对稳定、自觉的观念体系，融会了企业员工的最高理想，可称为企业员工的“精神核”。

酒店企业精神作为酒店内部员工群体心理定式的主导意识，是酒店经营的宗旨、价值准则、管理信条的集中体现，筑成了企业文化的基石。随着时间的推移，酒店逐渐提炼出具有经典意义的指导企业运作的哲学思想，成为企业家倡导并践行的主导意识。酒店企业精神源于酒店生产经营的实践，源于员工先进的群体意识，集中反映了企业家的事业追求、理想目标和主导意识。它的载体是酒店的广大员工，体现在员工的每一言、每一行中，是被酒店员工所普遍承认、接受并自觉遵守的价值尺度、道德约束，凝聚着企业员工在长期的生产经营中的追求和方向，也是对酒店在历史发展中所形成的好传统、好作风的提炼和升华。企业精神不是企业家或少数人的信念和口号，它融于员工的内心，产生凝聚作用，成为他们的自觉追求和行动。同时，企业精神是企业个性与时代精神相结合的体现。优秀的企业精神应当能够让人从中把握时代脉搏，感受时代赋予企业的勃勃生机。不仅如此，企业精神要反映出本酒店员工的共同理想、信念、追求，坚持和发扬自身的优良传统和优良作风，培养反映本酒店经营特色的、为本企业所接纳的、行之有效的企业精神。每个酒店企业都应有各具特色的企业精神，它往往以简洁而富有哲理的语言加以概括。一般来说，酒店企业精神是酒店全体或多数员工彼此共鸣的内心态度、意志状况和思想境界。它可以激发酒店员工的积极性，增强酒店的活力。

二、酒店企业精神的特征

(1) 企业精神是酒店现实状况的客观反映。酒店生产力状况是酒店精神产生和存在的依据，酒店的生产力水平及企业家的素质与追求对酒店精神的内容有着根本的影响。企业精神是酒店现实状况、现存生产经营方式、员工生活方式的反映。这是最根本的特征，离开这一点，酒店企业精神就不具有生产力。

(2) 企业精神是酒店全体员工共同拥有、普遍掌握的理念。只有当一种精神经过引导成为酒店内部的群体意识时，才可认作酒店企业精神。酒店的绩效不仅取决于它自身具有生命力的企业精神，而且取决于这种精神在酒店的普及和渗透程度，即取决于是否具有群体性。

(3) 企业精神是稳定性与动态性的统一。企业精神一旦确定，就相对稳定。但这种稳定并不意味着一成不变，它需要随着酒店的发展而不断发展。这就反映出酒店企业精神的动态性。稳定性与动态性的统一，使企业精神不断趋于完善。

三、酒店企业精神的作用

企业精神作为潜在的生产力，在酒店的生产经营中发挥着凝聚、激励、感召、引导、协调、规范等重要作用。企业精神是酒店为实现自己的奋斗目标所倡导、培育的精神，是由酒店员工的价值观、经营信条、行为准则等汇集提炼而成的自觉的群体意识。它一旦得到全体员工的认可，便能产生巨大的稳定、积极、持久的精神动力，成为酒店发展的动力源泉。

(1) 企业精神为酒店的生存与发展确立了精神支柱。著名的心理学家马斯洛指出，人的需要是有层次的，不仅包括生理、安全等基本需要，而且还包括社交、尊重和自我实现等高级精神需要（见图 4－1）。高层次的精神需要，一般通过以价值观为基础的理想、信念、伦理道德等形式表现出来。在员工接受并融于酒店精神的塑造过程中，当个人目标与企业目标达成一致时，就会把为酒店做贡献看作是为自己的理想而奋斗，就会以企业为荣，并为之拼搏。

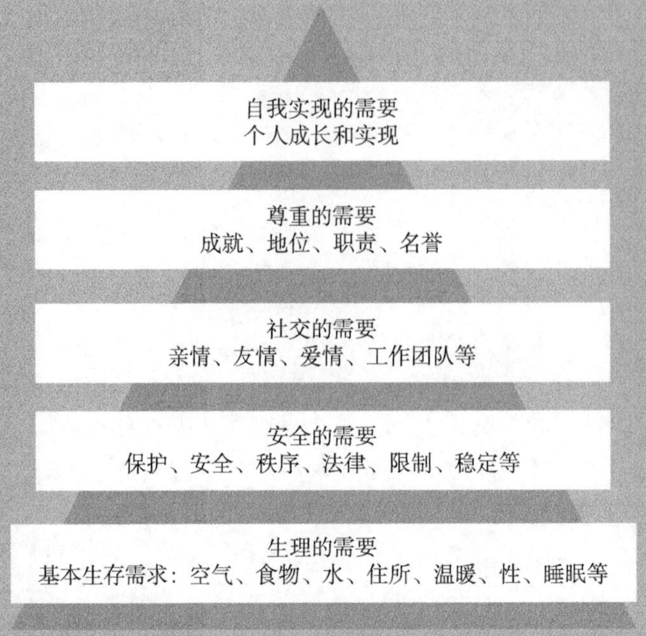

图 4－1　需要层次理论

（2）企业精神能产生凝聚力，激励员工释放潜能。凝聚力来自酒店的内部，企业精神像一种理性的黏合剂，把酒店员工聚合在一起，以其微妙的方式沟通员工的思想，创造一个共同协作的环境，把酒店内部各种力量汇集到共同的事业中去。

（3）企业精神可以塑造良好的工作环境，提高管理效益。随着经济全球化进程的推进，现代管理的内涵悄然发生着变化，工作中所需体力劳动减少，智力劳动增加，管理实质上是促使员工主动思考学习，创造性地开展工作，把创造性思维与工作融合起来。在这样一个环境中，酒店员工的自尊心能得到满足，创造性也会得以充分发挥。

四、酒店企业精神的培育

企业精神是时代精神在企业中的体现，是企业文化的核心，是企业全体员工的行为准则和共同信条。一般来说，企业精神不会自发形成，它需要一个精心培育、反复倡导和不断提炼的过程。企业精神的塑造过程实际上是将感性认识上升到理性认识的一次飞跃。企业精神的塑造，实质是塑造一种优秀的企业文化，发挥企业精神的辐射力和亲和力，增强凝聚力和战斗力。企业精神的塑造与提炼是一个复杂的工程，必须遵循正确的原则和方法。培育企业精神的途径多种多样，但由于每个企业的实际情况不同，采用的方法和途径也不可能完全相同。

【任务评价】

评价内容	评价方式			评价等级
	自评	小组评议	教师评议	
1. 掌握酒店文化的四个层次				
2. 了解并掌握酒店企业精神的内涵、特征及作用				
3. 了解马斯洛需要层次理论				
总　评				

任务二　探索——酒店文化各层次之间的关系

【情境导入】

我国酒店业是与国际接轨比较早的行业之一。改革开放之初，我国就引进外资建设酒店。当时，外资酒店、中外合资酒店管理成功的重要原因是它们拥有一套系统性的酒店管理制度和规范，并在酒店管理中加以运用。随着改革开放的深入和发展，中国酒店业不断学习和借鉴国外先进酒店管理经验，并结合本国国情，逐步树立起了中国酒店业的品牌。这些酒店之所以成功，很大程度上在于它们在筹建之初就着手制定了完善而严密的服务质量管理规章制度，这些制度保证了酒店服务管理体系的良好运行和服务工作程序的落实到位。近年来，中国酒店业更加重视企业文化的建立和发展，制度文化成为企业文化的重要组成部分，在酒店管理中发挥着重要作用。

【知识预备】

制度文化是围绕企业核心价值观，要求全体职工共同遵守的，按一定程序办事的行为方式及与之相适应的组织机构、规章制度的总和。制度文化体现了企业管理的刚性原则，是支撑企业发展的相对稳定的制度安排。它既有相对独立性，又是连接物质文化与精神文化的中间环节。缺少制度文化，企业难以形成良好的运作机制，内外层文化建设也难以落到实处。企业制度文化建设不仅关系到企业文化是否具有生命力，而且也是衡量一个企业是否成熟的重要标志。

【知识情境】

一、酒店制度文化简介

（一）酒店制度文化的内涵

1. 制度文化的含义

制度文化是连接物质文化与精神文化的中介体，既是精神文化的产物，又是物质文化的工具；既是适应物质文化的固定形式，又是塑造精神文化主要机制的载体。酒店制度文化是酒店在长期生产、经营和管理实践中生成和发展起来的，以提高酒店经济效益为目的，以酒店规章制度为载体的文化现象，是酒店精神在酒店制度上的体现，并对酒店文化的形成、弘扬与变革提供有力的组织保证。它强调了酒店管理工作的理性化、程序化与标准化，主要包括领导体制、组织机构、规章制度等内容。它是一种约束酒店和员工行为的规范性、强制性文化，体现着重要的文化内涵。

2. 制度与文化的融合

在《新华字典》中，制度，即要求成员共同遵守的规章和准则；文化，即人类所创造的财富的总和，特指精神财富，如文学、艺术、教育、科学。在管理学领域中，管理大师斯蒂芬·P. 罗宾斯（Stephen P. Robbins）在《组织行为学》一书中，将“组织文化”（Organization Culture，或称企业文化）解释为“组织成员中的一个意义共享的体系”。同时，他认为，组织文化最早作为影响员工态度和行为的一个独立变量，起源是制度化的概念。因此，制度和文化是密不可分的。

随着我国酒店业的不断发展，酒店之间的竞争越来越激烈。酒店竞争首先是产品的竞争，这是一种基本的竞争，然后是服务的竞争。从广义上来说，服务竞争实质上是一种无形产品的竞争，但最终意义上是文化的竞争，文化竞争是更高层次、更高品位的竞争。在旅游酒店业发展的过程中，文化性竞争越来越突出，没有文化就谈不上生命力，更缺乏竞争力。因此，追求文化底蕴和文化含量已成为现代竞争的共同行为。利用酒店文化的微妙性来管理员工，从整体上提高员工的素质，是提高酒店服务质量、增强酒店竞争力的重要手段。酒店是生产文化、经营文化的企业，酒店文化是酒店群体科学、智慧的精华，是渗透到酒店运行全过程、全方位的理念意志、行为准则，是市场竞争强有力的手段，只有不懈地发展酒店文化，酒店才会有美好的明天。

物质资源是会枯竭的，唯有文化生生不息。由此可见，制度文化，第一，要有一个规范化的管理体系；第二，要赋予管理体系一个文化的内涵，即该管理体系是建立在文化上的，而不是建立在制度的管、卡、压上或者建立在处罚上的。

（二）酒店制度文化的维度

1. 酒店基本制度

酒店制定的各类规章制度都是酒店文化最直接、最有力的体现。酒店规章制度制定者因价值观念、道德水准、思维方式、法律意识以及对人性认识的不同，制定出的规章制度亦各异。是以“管、卡、压”为主导制定规章，还是以发挥人的主动性、自觉性和参与性为主导制定规章，反映出两种不同的世界观和文化观，也是“X 理论”与“Y 理论”两种管理理论在制度层的直接反映。酒店内规章制度种类较多，如用工制度奉行契约主义原则，对员工实行聘任制。在员工受聘期间，酒店要履行对员工的许诺，让其享受到规定的权利；而员工则要努力履行自己的职责，做好自己承担的工作。酒店根据经营方向和专业化分工原则设置工作职位或岗位，并制定出相应的部门规章、岗位职责与操作规范。在酒店众多的制度中，员工手册是酒店最典型的制度文本，它是每个酒店必备的行动指南。

2. 酒店领导体制

酒店领导体制是酒店领导方式、领导结构、领导制度的总称，它受生产力和文化的双重制约。不同历史时期的领导体制，体现了不同的酒店文化。在酒店制度文化中，领导体制影响着酒店组织机构的设置，制约着管理的各个方面。所以酒店领导体制是酒店制度文化的核心内容。传统酒店管理一向以“准军事化管理”著称，即其领导体制坚持等级链的原则，实行垂直逐级管理，所有信息指令逐层下达，无特殊情况，不得越级指挥、汇报。

3. 酒店的用人机制、责任机制与分配机制

(1) 用人机制。首先，招聘时根据应聘人员的价值观念和行为方式是否与本酒店的文化相吻合来决定是否聘用。有一些出色的员工在酒店中总是适应不了，就是因为他们的个人价值观念与酒店文化不相吻合。其次，在酒店的日常考评晋升中，要本着公平公正的原则，将适当的人放到适当的岗位上，做到“人尽其才”。最后，在对员工的培养和教育中，要体现人文关怀，注重对员工创新能力和自我管理能力的培养。

(2) 责任机制。酒店一方面应建立权责对等的责任机制；另一方面也应培养员工的责任心。权责对等的责任机制就是指管理者行使指挥权时，必须对结果负责。即权力越大，责任也越大。此外，责任必须连带，下级出错，上级要承担管理责任。责任在此有两层含义：一是要分担上级工作压力；二是要对工作结果承担责任，把事情做好，如果出现错误，绝不逃避责任。

(3) 分配机制。酒店采用什么样的分配机制，在建立薪酬系统时要有充分的考虑，如应向哪些岗位和员工倾斜、晋升时采用什么标准、对什么样的行为进行奖励、采取什么样的奖励方式（奖励远不仅仅是经济利益的概念）等。此外，在进行绩效考核时，在绩效管理系统中不仅对结果进行考核，而且要通过某些特定的指标对行为加以评价。

4. 酒店组织机构及管理模式

酒店组织机构是指酒店为了有效地实现酒店目标而建立的酒店内部组成部分及其关系。不同的酒店有着不同的组织机构。影响酒店组织机构的不仅是酒店制度文化中的领导体制，而且酒店文化中的酒店环境、酒店宗旨及员工思想文化素质等也是重要因素。酒店大都采用职能性组织，即将从事着相似工作和具有相似技能的人分配到同一部门，员工们集中在一起从事特定的工作。各部门有独立的管理人员与清晰的劳动分工，能清楚地衡量绩效。管理人员形成自给自足的单位后，就会形成强烈的顾客导向态度。通过部门分工，各部门能形成专门技术，而管理人员会很快熟悉情况，因此部门制度可以训练一批酒店发展过程中最需要的管理人员。

酒店管理模式是酒店管理所采用的基本思想和方式，是指一种成型的、供人们直接参考运用的完整的管理体系。通过这套体系可以及时发现和解决管理过程中的问题，规范管理手段，完善管理机制，实现既定目标。它是在人性假设的基础上设计出的一整套具体的管理理念、管理内容、管理工具、管理程序、管理制度和管理方法论体系，并将其反复运用于企业，使企业在运行过程中自觉遵守的管理规则。不同的管理模式会对企业文化和管理效果产生不同的影响，选择适合酒店自身特点的管理模式，对每一家酒店来讲都是非常重要的。

（三）酒店制度文化发展概况

我国酒店业自诞生至今已取得一定程度的发展，但是与西方发达国家的酒店业相比，我国酒店业的发展水平还不够高，酒店文化建设还处于一种初步探索和实践的阶段。

在意识方面，一些酒店特别是中小型酒店对酒店制度文化的建设还处于一种无意识状态，认为酒店是务实而不是务虚的，酒店文化可有可无；有的中小型酒店甚至认为酒店文化建设必须要有一定经济基础，中小型酒店不能搞酒店文化建设；有些酒店把酒店制度文化等同于酒店的各种规章制度、条条框框，没有认识到酒店制度文化的本质和内涵，使得酒店制度文化建设停留在表面，即使照搬了其他酒店一些好的制度也没有使之真正在员工中产生共鸣；还有一些酒店认为酒店制度文化就是让企业上下所有员工都遵守的制度和维护酒店的规范，把酒店制度文化与实践工作分割开来。

在行动方面，有些酒店虽然有一定的酒店制度文化，但是对于酒店制度文化建设没有长远规划，没有将酒店制度文化建设纳入议事日程，酒店制度文化一成不变，酒店文化建设一劳永逸，不仅发挥不了酒店文化对于酒店发展的促进作用，而且有可能束缚酒店的发展；一些酒店管理者对酒店的管理经营采取凭经验和工作习惯的模式，没有把酒店制度文化融入到管理工作的实践过程中；有些酒店在建设酒店文化过程中采用的是一种简单的拿来主义，把自认为可行的其他酒店的酒店文化直接照搬或盲目模仿，没有结合酒店自身的性质、服务对象、经营范围、实力强弱等方面的差异对酒店文化进行创新，这种行为很难培育宾客对酒店的认同感和忠诚度；有的酒店把严格管理与以人为本对立起来，严格管理的同时忽视了员工的主人翁地位，以人为本的时候又放松了管理，未能正确处理严格管理和以人为本的辩证关系。

二、制度文化建设对酒店管理的作用

制度文化建设是酒店管理的基础，其作用主要表现在以下方面。

（一）对员工行为的引导作用

好的酒店文化会创造一种好的酒店环境，在这个环境里高层酒店领导者最了解酒店文化，他们的躬行实践会使管理更加规范化、人性化。他们要在这种人性化的管理中传播酒店的思想、酒店的文化，让员工切身感受到酒店的文化内涵和管理方法，从而使员工真正融入酒店，为酒店尽心尽力，同时也约束自己的行为。

1. 以制度文化规范和约束员工行为

企业制度是在生产经营实践活动中形成的，对人的行为具有一定的强制性，并能保障一定权利的各种规定。构建酒店制度文化是规范酒店员工行为、提升管理水平的重要手段。酒店制度文化是酒店为了实现自身目标而对酒店员工行为给予规范和制约的文化，这种共性的文化对酒店员工的行为规范提出了严格的要求。酒店用制度规范管理，约束职工行为，促使大家步调一致，运作有序，从而促进管理水平进一步提高。

（1）制定规范的酒店制度体系。科学的管理制度是保证企业良好运行的前提。需要注意的是，管理制度和规范应让员工从内心里接受，这样的制度和规范才具有真正的约束力。任何违背公司管理制度和规范的个人或组织行为都是违章行为，都为企业文化所不容。任何个人组织行为都必须符合管理制度和规范的要求。管理制度和规范是铁面无私的，违背管理制度和规范就将损害企业整体利益，妨碍企业事业的发展，因而是要受到处罚的，具体可采取辞退、降级、降薪等形式。也就是说，此时企业文化需要具有严格"法律"效应的制度来规范和约束。

（2）开展有效的酒店员工培训。拥有适合的管理制度和规范，酒店还应以培训方式加以辅助实施，才能达到良好的效果。在当今酒店经营管理中，培训的费用也许很贵，但如果不培训，付出的代价可能更昂贵。因为没有通过培训让员工了解企业制度、操作标准、行为准则，就会造成事故频发，效率低下，企业将付出更大的成本。

开展有效的员工培训，需要注意以下几点：

第一，确定培训对象，并进行培训需求分析。

第二，确立培训目标，明确培训的目的和所要达到的效果。

第三，制订详细的培训计划，内容包括负责人、培训时间、培训内容、培训方法、培训师、培训场地布置、培训经费、培训考核方案等。

第四，实施培训计划，同时对培训的实施情况进行监督和控制，处理培训中出现的问题，及时对培训计划做出必要的修改。

第五，评价培训效果，即对培训结果进行调查反馈。

第六，培训效果的转移，即对培训后在工作中产生的效果进行评价。

（3）让员工成为制度文化的自觉实践者。要使企业的信念、宗旨、经营理念等不致成为"海市蜃楼"，就必须使之为企业上下共同认可。当员工经过培训对酒店制度文化有了一定的认知后，在某种程度上就会对制度文化产生一定的认同感。经过一段时间的工作体验后，员工会对企业制度文化有更深的领悟。好的制度文化不是强迫员工去做什么，也不是要求员工该做什么，而是员工自愿受其影响，自觉成为企业制度文化的践行者。

2. 以制度文化传承酒店思想

从客观上来说，管理者的管理思想、经营理念、员工的价值观念是与工作中的客观事物联系在一起的。制度是文化的载体，是酒店文化的有机组成部分。企业在制定管理制度、规范时，将以统一的管理思想和价值观为指引，传承其一贯的思想内涵。当蕴涵酒店思想的制度形成后，将对企业员工产生规范作用，这种规范作用则体现了酒店思想对员工行为的引导。

（二）对团队建设的帮助作用

众所周知，个人的能力有限，团队的力量无穷；没有完美的个人，但会有完美的团队。酒店业是劳动密集型行业，工作和服务环节复杂，人与人的互动频繁。因此特别需要部门之间、班组之间、工序之间、环节之间的沟通协作。只有同心协作才能提高效率，取得好的综合效果，最终让顾客满意。为了达到这一目标，打造一个卓越团队至关重要。企业制度作为职工行为规范的模式，可以使个人的活动得以合理进行，内外人际关系得以协调，员工的共同利益受到保护，从而使企业有序地组织起来为实现企业目标而努力。因此，制度文化的产生和运行，可以帮助组织成员化解矛盾，提高团队凝聚力，进而提高整体工作效率。

1. 以人性化的制度体现对员工的尊重

人性化的制度可以帮助企业为员工营造家的氛围，让员工获得尊重、关怀，获得公平的发展空间和回报，进而增强员工的工作动力。

（1）让员工体会到公平的氛围。当企业的制度较为公平时，员工会对企业表现出更多的热情和归属感，更具有奉献精神，工作更主动、更细致，较少计较自身的薪酬地位。因此，用制度让员工享受公平的薪酬、公平的福利、公平的奖惩和公平的发展机会，对造就卓越的团队具有重要意义。

（2）让员工获得信任。企业对员工的信任可以使员工迸发工作的激情和对企业的忠诚。最好的信任就是通过制度给予员工相应的职位权限，让其大胆地工作，给予员工权责一致的制度保障。

（3）让员工感受到关怀。人性化的制度可以让管理者更好地了解员工的需要，关心员工的喜怒哀乐、婚丧嫁娶，关心员工的每一点进步，关心员工的思想和生活。

2. 酒店管理者执行制度产生的垂范作用，提高团队凝聚力

企业文化不是哪一个人的文化，而是企业组织成员的共同文化，是价值标准、传统、道德、规范，是企业里不成文、但被员工普遍遵循的信念。企业制度同样是企业全体成员的共同规范，制度面前应人人平等。管理者拥有监督下属执行制度的权利，同样也有执行制度、维护制度权威的义务。

管理者在企业中是普通员工的领路人，是工作的组织者，更应该是员工的好榜样。他们既要指挥下属工作，又要亲自承担重要业务，不仅不应是“特殊员工”，而且应是比普通员工承担更多辛苦和责任的人。管理者的行为可谓是员工的参照，当管理者勇于承担，身先士卒，赏罚分明时，势必对整个团队的士气产生鼓舞，提高团队凝聚力；反之，当管理者行为懒散，在制度面前对自己和员工执行双重标准时，就会对组织的制度权威产生极大挑战，久而久之，员工也会对制度产生怀疑，团队凝聚力和工作效率会大幅下降。

3. 科学的用人机制和分配机制让团队成员获得公平公正的对待

企业的用人机制和分配机制一向是敏感而重要的话题。任人唯亲或者各种不公正的任用、选拔机制，不合理的分配奖惩政策，都会极大地挫伤团队成员的工作积极性、创造性。过去企业中熬年头、混资历升迁，干好干坏一个样、干多干少一个样的分配机制极大地阻碍了企业的进步，团队已不是团队，成员间矛盾重重，怨声载道。科学的用人机制和分配机制就是要保证团队成员以绩效论英雄，多劳多得，赏罚分明。唯有保证了团队成员的基本利益，给予大家一个公平、公正的环境，才能激发整个团队的创造力，最大限度地提高工作效率。

4. 合理的组织机构和责任机制能够提高团队工作效率

组织机构设置情况是衡量酒店企业分工是否合理的重要体现。合理的酒店组织机构设置应满足这样的条件：既方便员工分工合作，组织管理，又方便顾客接受服务。换言之，合理的组织机构应该分工明确、层级适度、岗位设置恰当、便于管理。部门和岗位职能不重叠、不遗漏，管理层级扁平化，避免多头管理，将会使员工明确自己的工作任务，提高工作效率。

合理的责任机制是团队正常工作的必要保障。明确了职能分工，明确了权力，也就明确了责任。

（三）对科学化管理的促进作用

1. 标准化管理与个性化管理

酒店业是一个强调标准化和个性化统一的行业。制度文化的建设和发展，一方面，为酒店经营管理提供了员工应共同遵守的规章、纪律；另一方面，酒店制度文化又赋予了管理者人性化的内容。针对不同的管理问题和管理对象，采取不同的管理手段。好的制度文化不仅向管理者提供了规范，更应该可以适应酒店的特色发展，给予管理者个性化的空间。

2. 不断改进和发展制度文化

制度的生成是一个动态的过程，酒店制度文化建设的过程也是一个信仰、道德、理念、规则和行为不断强化的过程，需要通过实践来不断加以检验，以不断修正完善，只有在实践中与时俱进，才能真正促进酒店科学发展。一成不变的制度文化不仅不能为酒店科学化管理提供帮助，反而会成为酒店科学化管理的绊脚石。

三、酒店行为文化的含义和内容

在倡导文化管理的今天，酒店行业也早已步入了这个行列，并形成了各种齐全的制度管理文化、精神意识文化等各层次的企业文化。企业文化对酒店各项工作的推进具有事半功倍的积极作用。但不能否认的是，其中也存在不少问题。例如，很多员工在学习企业文化时，经常产生这样的困惑："我们知道企业的文化是什么，但不知该如何去做"；很多管理人员也会发出这样的声音："企业文化非常好，理念很新颖也很精辟，但经常是开始时大张旗鼓，最后不了了之"，甚至还会出现酒店负责人调换后，企业文化也随之变化甚至消亡的现象。那么产生这些问题的原因是什么呢？究竟如何才能使企业文化在企业管理中发挥积极、有效的作用，而不是仅仅停留在表面上呢？

实际上，大多数企业在塑造本企业的文化时，过多思考的是如何制定企业制度及物质表现等方面，而往往忽视了文化的持久生命力。企业没有考虑通过何种途径让员工以自己的一言一行来展现企业的风采，或者说考虑了，但没有形成一套完整的体系。"人"作为企业的构成主体，其行为蕴涵着丰富的企业文化信息，是企业文化的重要载体，同时也是企业文化最真实的表现。评价一个企业文化的优劣、文化建设工作的成败，最直接的方法就是观察员工的日常精神面貌、做人做事的态度，以及其在工作乃至社交场合中的行为举止。

由此可见，行为文化在整个企业文化建设中起着举足轻重的作用。如果说物质文化是企业文化的外显部分，精神文化是企业文化的精髓，那么行为文化就是连接二者的黏合剂，只有通过行为文化才能将企业精神文化转换到物质文化层面，即行为文化具有承前启后的关键性作用。因此，在建设企业文化时，应将行为文化作为一个相对独立的层面进行建设。

（一）酒店行为文化的含义

酒店行业作为一个劳动密集型行业，它具有本行业的特殊性，即酒店产品的生产制造需要依靠大量的人力来完成，以实现其价值的创造，但酒店的服务过程却无法用先进的流水线来代替。酒店的不同员工甚至同一员工在不同的时间、场合对不同的对象所提供的服务往往水平不一、质量不同。究其原因，在于手工劳动是酒店的主要生产手段。克服酒店服务差异性的关键在于制定严格的质量标准，坚持每次服务都符合标准，其途径在于加强职工教育培训，提高从业人员的文化修养，讲究服务道德，改善行业素质和职业技能。通过行为文化可以把这种差异缩至最小。企业行为文化是指企业员工在生产经营、学习娱乐中产生的活动文化，包括企业经营活动、公共关系活动、人际关系活动、文娱体育活动中产生的文化现象。企业行为文化是企业经营作风、精神风貌、人际关系的动态体现，也是企业组织精神、核心价值观的折射。酒店行为文化区别于一般企业行为文化的最大特征就是酒店行为文化尤为强调服务。由此可见，酒店行为文化是指酒店员工在服务过程中以服务为出发点和归宿而形成的一种文化现象。

酒店行为文化的形成是一个长期的过程，它需要以理念为指导，以制度为约束。如果行为脱离了理念和制度，那么企业文化就无从谈起；但仅有理念和制度，缺乏行为的文化，又会成为纸上谈兵，物质与行为存在着因果关系，有什么样的行为文化就会形成什么样的物质文化。行为文化使员工在工作过程中形成良好的行为规范，进而成为一种良好的工作习惯。很多时候员工的一个微笑、一声问候等微不足道的动作，就可以折射出这家酒店的企业文化；同样，从员工的精神面貌、仪容仪表中也可以传递出企业的文化氛围。

行为文化对于酒店来说，不像精神文化和制度文化可以拿来就用。酒店行为文化必须结合酒店所在地的风俗习惯、酒店特色及员工素质、认知能力等客观条件，并经过长期的磨合、认同等过程才能形成。许多著名的酒店管理集团理念、制度一应俱全，但也并不是每开一家新店都能够成功，可见，行为文化的形成需要经过接受、认同等过程。

（二）酒店行为文化的内容

酒店行为文化建设的根本目的，就是要造就一支高素质的员工和管理人员队伍，从而形成富有个性化的经营风格。行为文化建设是一个实实在在的过程，必须从基础做起、从点滴做起。酒店日常行为的持续创新是企业文化最有效的载体，如迪拜的七星级酒店伯瓷酒店要求客房服务员在清洁客人房间时，只要床单上有褶皱，哪怕是客人坐了一下，出现了浅浅压痕，都必须马上更换，它要求展现在客人面前的一切都是完美无瑕的。正是这些从细微处入手的服务行为体现了七星级酒店的标准，体现了服务的极致。也正是员工们一丝不苟地执行这些标准，才使得伯瓷酒店成为世界上服务最好的酒店之一。

酒店行为文化包括酒店管理人员行为、酒店表率人物行为及酒店员工的日常行为表现与行为习惯等三方面内容。

1. 酒店管理人员行为

对于中国酒店业而言，酒店文化最主要的缔造者和传播者是酒店高层和职业经理人。酒店高层管理人员是酒店理念体系的建立者，他应具有高瞻远瞩、敏锐洞察酒店内外的变化、设计长远战略目标的能力；能够将自己的理念、战略和目标反复向员工传播，产生巨大的文化力量，从而形成企业的愿景、员工共同奋斗的目标；在识人、用人、激励人等方面做到公平、公正、公开，起到表率作用；与员工保持良好的人际关系，关心、爱护员工及其家庭。

2. 酒店表率人物行为

在酒店行业内，最为广泛使用的一种激励手段就是“寻找身边的榜样”的各类评优活动。各大酒店都会定期举办此类活动，通过表彰优秀员工、先进个人的事迹来带动全体员工情绪。以发生在身边的事情作为正面培训案例，激发员工热情，使优秀员工的行为成为其他员工仿效的行为规范。这种方式简单易行，一举多得。

3. 酒店员工的日常行为表现与行为习惯

员工作为酒店的构成主体，他们的行为举止直接影响着酒店的发展。人们了解一个酒店的管理，很多时候是通过酒店员工的行为来判断的。消费者来到酒店消费时，如果服务员的态度和举止不佳，比如接待客人不够亲切热情，操作不规范，话务员接听电话不够礼貌、语言生硬等，不管企业理念制定得多么先进，也不管该酒店多么费心设计华丽的外观和装潢，都无法给消费者留下良好的印象。

员工的行为决定了酒店整体的精神风貌和文明程度，员工行为的塑造是企业文化建设的重要组成部分。要通过各种措施，提高员工知识素质、能力素质、道德素质、心理素质和身体素质，将员工个人目标与企业目标结合起来，形成合力。因此，企业文化的推行，必须先从酒店员工的培训做起。只有使企业理念深入到每个员工的心里，行为举止产生质的变化，才能使企业文化产生积极效益。

四、酒店行为文化与相关文化的关系

酒店文化是指酒店在长期的经营管理实践中，逐渐培育成的、占据主导地位的、并为全体员工所认同和遵守的企业价值观、企业精神、经营理念以及行为规范的总和，其内容包括精神文化、制度文化、行为文化和物质文化。如果将企业文化的各个层次之间的关系比作一个同心圆的话，由表及里分别为：表层——物质文化，里层——行为文化，深层——制度文化，核心——精神文化。这四个层次共同构成企业文化的完整体系，它们之间相互渗透、密不可分。物质文化决定了制度文化、行为文化和精神文化；制度文化是连接精神文化、行为文化与物质文化的中介；物质文化、行为文化和制度文化是精神文化层的体现。四种文化相互作用，互为依托。

（一）酒店行为文化与精神文化的关系

精神文化是企业文化的核心和精髓，它既是文化层次的结晶和升华，也是其他文化层次的支撑。精神反映核心价值观、态度和各种信仰，影响员工对自己、对顾客、对企业的看法，并使他们按照这种看法采取行动。行为文化以企业精神作为指导，有什么样的企业精神就会产生什么样的员工行为。同样，员工行为作用于精神文化，良好的行为文化可以使企业精神得以升华，反之也会使企业精神成为一句空话。也可以说，行为文化一方面受精神文化的指导，另一方面又在各种活动中影响和创造着新的精神文化。

例如，青岛海景花园大酒店的企业精神核心是“以情服务，用心做事”。为了将这一思想贯彻在经营管理中，海景花园大酒店的每一位工作人员在工作中必须体现这一原则：一线员工为客人“以情服务，用心做事”，二线员工为一线员工“以情服务，用心做事”，管理人员为员工“以情服务，用心做事”。全体工作人员的实际行动生动地阐述了青岛海景花园大酒店的核心理念，将企业的理念转化为了优质的服务行为，培养了大批忠诚的顾客。

（二）酒店行为文化与制度文化的关系

酒店制度文化是企业为了达到特定目标所制定的行为规范，即一种人为制度的程序化、标准化的行为模式和运行方式。如前文所述，酒店行业是一个劳动密集型行业，要想使诸多人的行为尽量统一、降低差异化，就需要制度文化来约束人的行为。由于它规定了哪些行为应受到赞扬，哪些行为要受到批评，从而具有鲜明的强制性。制度文化是酒店的运营程序与标准执行系统，以保证酒店的运营质量的一致性和稳定性。世界知名酒店集团的品牌建立过程，很大程度上得益于它们严格规范的操作标准和执行系统，这是创建个性化服务的基础，也是行为文化得以实施的基础。

五、建设酒店行为文化的步骤

酒店行为文化是一种较为特殊的文化形态。它不像精神文化、制度文化和物质文化，以既成的静态形式存在，而是以动态形式存在，是随着酒店发展及客人需求的变化而变化的。酒店行为文化缺乏其他文化所具有的相对稳定性。建设酒店行为文化可以分为四个步骤。

（一）强化企业精神，得到员工一致认同，并以此作为行动纲领

由于企业精神是整个企业文化的核心和灵魂，因此选择正确的企业精神是塑造企业文化的首要问题。设定企业精神时要注意两个问题：一是要立足于本企业的具体特点。不同的企业有不同的发展目标、环境习惯和运行方式，由此构成千差万别的企业类型，因此必须准确地把握本企业的特点，选择适合自身发展的企业文化模式。否则，就难以得到广大员工和社会公众的认同与理解。二是要合理协调企业精神与企业文化各要素之间的关系，因为各要素只有经过科学组合，才能实现整体的系统优化，在此基础上，才能选择正确的企业精神。企业精神设定时要正确、明晰、科学，具有鲜明特点，同时体现组织的宗旨、管理战略和发展方向。切实调查本企业员工的认可程度和接纳程度，使之与本企业员工的

基本素质相契合。选择企业价值观要坚持“群众路线”，充分发挥员工的创造精神，认真听取员工的各种意见，并经过自上而下和自下而上的多次反复，审慎地筛选出既符合本企业特点又反映员工心态的企业精神和企业文化模式。

企业精神要能深入人心，成为员工的自觉意识，这需要经过一个长期的学习、吸收、转化的过程。在实际运作过程中，酒店要通过总结、分析，以及正反面案例的学习，慢慢地做到内化于心、外化于行，使企业精神充分体现在员工的行为上。

这个过程在酒店经营的不同时期所需要的时间也有所不同，如企业文化建设初期，员工对企业精神的认同过程要略长一些，尤其是吸收过程。一旦企业精神被大多数人接受并认同，转化过程就会加快。形成良好的文化氛围后，即使是员工流动率相对较高，在大环境的影响下，新加入的员工仍会在短时间内被“身边的榜样”所同化。

（二）制定可执行的行为规范或制度，使员工有明确的执行标准

酒店业务涉及旅游业的食、住、行、游、购、娱等六大方面，客人对服务的要求标准也不尽相同。甚至同一位客人，不同的状态下对服务标准的要求也会不同，而且酒店通常设定诸多岗位，分工明确，这就更需要有较为完善的管理制度和行为规范标准，以便规范员工行为，降低服务差异。酒店应针对不同岗位类别，建立相应的具体和全面的、可执行的行为规范，并建立与行为规范相配套的奖惩规定，使员工有明确的执行标准。

（三）强化员工行为意识，促进员工良好行为习惯的养成

酒店一旦确定了企业文化模式之后，就应充分利用一切宣传工具和手段，大张旗鼓地宣传企业文化的内容和要求，以创造浓厚的环境氛围；同时树立典型人物，并大力宣扬，尤其注重企业内部不同层面的优秀典型和企业领导者与中高层管理人物表率形象的树立，做到有必要的制度保障和领导的率先垂范。酒店领导要观念新颖、作风正派、率先垂范，真正肩负起带领酒店成员共建优秀企业文化的历史重任。酒店领导还要注重对企业文化经典案例的收集、整理与宣传，甚至包括对反面典型的披露与批评，不断强化员工行为意识，促进其良好行为习惯的养成。

（四）提高执行力，确保规章制度得到严格执行，对员工行为与心理形成约束力

很多酒店管理得不好，并不是文化塑造得不好，而是缘于执行力太差，诸多的管理制度在或可或否中逐渐消失。因此，确保各种制度有力执行，是行为文化形成的基础。在日常经营管理中，酒店必须强调企业的执行力问题，对员工的行为与心理形成约束力，行为文化才能得以发展。

此外，构建行为文化时要特别注意对人性的尊重与理解，任何脱离了尊重与理解的文化都是不能长远发展的，即这种文化不但起不到推动企业发展的积极作用，还会产生消极的负面影响。文化建设的形式和内容要符合成人学习的特点、符合本行业的特点和本企业员工构成的特点。行为文化的发展要善于把握和利用时机，而季度、年度和企业重大经营活动的始末，社会、行业与企业内部的突发事件，都是传播文化理念、建设行为文化的最佳时机。

知识链接

世界知名酒店集团的品牌建立过程，很大程度上得益于它们严格规范的操作标准和执行系统，现节选洲际酒店集团的员工手册部分内容与大家分享。

总经理的欢迎辞

亲爱的同事：

欢迎你加入杭州钱江新城假日酒店团队。我非常高兴你已经决定加入我们并希望你真正喜欢这里的工作生活。之所以洲际酒店集团处于一段令人激动的时刻，是因为我们正以更快的速度发展，并且我们在成为全球最出色的公司之一的历程中取得了良好进展。作为一家最出色的公司，意味着我们必须最关心我们的客人，最为我们的股东着想，最体贴我们的业主以及最照顾我们的员工。这是一个远大目标，但是我确信只要我们志同道合朝着我们“出色的酒店，客人的最爱”的核心目标奋进，我们就将如愿以偿。

我们的核心目标就是我们每天来此工作的原因。这决定我们的策略，侧重我们的努力并将我们大家团结在同一个目标之下。我们的职责就是要致力于出色的营运并尽可能提供最佳的客人入住体验。在你接受入职培训与洲际酒店集团的同事谈论时，你将从《你的指南》中获得更深刻的了解。

《你的指南》用以帮助你在入职过程中及在洲际酒店集团的整个职业生涯期间的指导。该指南通过诠释我们的制胜之道，我们对同事的期望及洲际酒店集团对员工的回报，从而介绍了我们在洲际酒店集团的工作方式。我希望这些内容可以为你提供必要的信息帮助并可以轻松运用。如果你有任何问题，请与你的经理及人力资源部经理沟通；此外，我还鼓励你查询我们的网站（www.ihgmerlin.com）或员工信息公告栏。

最后，我衷心地祝贺你选择我们酒店作为你在酒店行业中发展的职业平台，并能够与我们共同走向成功。

再次感谢你成为我们团队中的一员！

总经理

杭州钱江新城假日酒店

营造出色的工作环境

酒店制定的规章制度是我们工作的重要指南，指导我们如何与同事、管理层，特别是与客人建立一个和谐的工作关系。唯有我们每位员工在每天的工作中能遵守酒店的规章制度，才能确保一个愉快友好的工作环境。

考勤制度

你应在上班前15分钟打卡，以便在到岗前更换制服和检查个人仪容仪表，下班离店时须在员工通道打卡，上两头班的员工每天须打四次卡。

请记住，考勤记录对计算你的出勤天数是非常重要的，而且它会影响到你的工资，不允许你请别人替自己打卡或替别人打卡，否则被视为严重违纪处理。

清洁的环境

为了客人及你的舒适，清洁的环境是很重要的。你有责任时刻保持酒店公共区域及后勤区域的清洁。当你看到地面有一张纸，请立即将其拾起放置到垃圾桶内。

文化走廊

文化走廊设在酒店员工区域内。你可通过它了解酒店的规章制度、员工福利、奖励、活动及酒店的其他信息。文化走廊内告示的张贴由人力资源部及相关部门管理，故意破坏或未经酒店许可，在酒店任何地方张贴通知或告示，你将受到纪律处分。

建议箱

欢迎你主动向人力资源部或利用设置在员工区域的建议箱提出你个人对改善我们酒店服务或工作环境的建设性意见。

员工通讯

酒店将定期出版员工通讯，以便告知员工有关我们酒店及集团的近期信息，欢迎你参与投稿。

员工委员会

为了给全体员工营造一个安全、舒适及愉快的工作环境，酒店将成立员工委员会，鼓励你积极参与。

员工活动室

酒店为员工建立了活动室，对你免费开放。

客用设施/公共区域

除因工作需要并获得酒店批准，任何员工都不得使用为客人提供的设施，不允许在酒店公共区域内游荡。客用设施包括客用电梯、客用通道、客厕、客房、餐厅、健康中心、精品店等。

员工娱乐活动

酒店人力资源部与工会将组织各种员工活动，如体育比赛、郊游、每月举办生日聚会及员工春节联欢会等以丰富你的文化生活，增进管理部门与你之间的交流。欢迎你积极参加酒店组织的上述活动。

私人来访

上班时间禁止你在酒店接待亲友来访，紧急情况经部门经理同意后，你可在员工通道区会见亲友。

酒店和客人财产

员工应像爱护自己的财物那样爱护酒店和客人的财物。

保密文件

无论你是在职期间还是离职后都不能转送或拿走酒店的保密文件，包括工作计划程序、工作报告或相关文件。负责对外发布酒店有关信息的指定部门是公关部，违反上述规定将受到严重纪律处分或法律诉讼。

节约能源

每位员工都要努力减少能源的浪费，我们应自觉做到：

- 离开工作区域时关闭所有电灯
- 节约用纸，尽可能使用回收纸打印内部文件
- 节约用水
- 设备不使用时要关闭
- 发现水龙头、马桶、喷头漏水，及时报告给工程部修理

旷工

旷工是严重违反酒店规章制度的行为。请记住出勤是晋升和其他福利的基本评判标准之一。若有紧急事故，请立即通知你的部门经理。所有假期必须经部门经理批准。

工作期间没有得到直属上司许可，员工擅自缺勤或者超过规定上班时间未到岗位达2小时及以上，即认为是旷工，政府规定的不可抗拒因素造成的缺勤不属于旷工。旷工时间按员工实际旷工时间计算并扣除相应的工资。如果旷工，根据该指南的有关规定你将受到纪律处分。如连续旷工（不含双休日或法定节假日）达三天以上（含三天），将被视为特别重大违纪，酒店将立即解除和员工的劳动关系并不支付任何经济补偿金。

失物招领

如果你在酒店内任何场所发现财物，应立即通知部门经理或值班经理，或按失物招领程序将所拾到物品交客房部失物招领处。隐藏失物不报者，酒店视为偷窃处理。失物如在六个月内未被认领，将由酒店处理。

个人财物

你对自行保管或擅自留在酒店内之个人物品承担责任。酒店不就任何个人物品之遗失承担赔偿责任。

污言秽语

污言秽语是粗俗和失礼的行为，它会有损酒店的形象，请你避免使用。

吸烟区

酒店为吸烟员工建立了专门的吸烟区域，员工不许在吸烟区外吸烟。

更衣室

为了方便你更换制服，酒店给你提供更衣室。当你离职时，请将更衣柜钥匙交还人力资源部。所有更衣柜都可由人力资源部和保安部共同检查，你须遵守更衣室规定。

员工更衣室作为酒店区域的一部分，请你时刻保持更衣柜清洁整齐，以下行为是不允许的：

- 在更衣室内晾晒衣服和在更衣柜门上悬挂毛巾等其他物品
- 更衣柜内存放食物、饮料及危险品
- 在更衣室里随意堆放物品
- 未经许可打开他人更衣柜
- 将私人贵重物品放在更衣柜内
- 私自加装其他锁具
- 在更衣室里睡觉、打麻将或玩扑克牌
- 在更衣室随地吐痰、乱扔东西以及其他不卫生的行为

员工宿舍

如外地员工需要住宿，请到人力资源部申请员工宿舍，待人力资源部发出书面入住通知单后方可入住。为了确保员工宿舍的安全，人力资源部和保安部将对宿舍共同进行检查。凡违反住宿管理规定的住宿员工，酒店按相关规定予以处理。

员工通道

除获得酒店特殊批准外，你进出酒店都必须经过员工通道并主动配合保安的检查。保安人员有权阻止你使用酒店正门。

私人手机的使用

未经部门经理许可，员工在岗工作期间，严禁携带和使用私人手机。

公众信息

除非得到授权，任何员工不得向外界、新闻媒介发表关于酒店管理事务的信息。所有有关问询，请引导他们到公关部或行政办公室。

知识链接

喜达屋酒店集团——世界最大的奢华酒店管理集团非常重视“寻找身边的榜样”，现节选喜达屋关爱奖励政策的部分内容与大家分享。

目的

喜达屋关爱计划是为了：

(1) 肯定和奖励那些在关爱酒店生意、客人以及同事方面表现杰出的员工而设立的。

(2) 把“喜达屋，关爱的雇主”付诸实践。

(3) 从员工中选出榜样获得区域及全球奖励。例如：喜达屋关爱计划和主席嘉奖。

政策

奖励认可包括：

(1) 关爱酒店生意杰出奖。这一奖励授予那些因出色行为、表现、创新等对酒店、喜达屋生意有突出贡献的员工。

(2) 关爱客人杰出奖。这一奖励授予那些在关爱客人过程中有突出行为、表现的员工。

(3) 关爱同事杰出奖。这一奖励授予那些在关爱同事过程中有突出行为/表现的员工。

认可杰出员工的先决条件将一直以达到喜达屋明星服务标准为先。

这三类奖项将按月、按季度、按年份在酒店、地区以及区域颁出。

员工可以累积分数，如果分数值达到酒店所定要求那么员工就可以得到相应的奖励。

程序

经理将持续培训并观察员工表现是否达到喜达屋明星服务标准的四项基本原则，如下：

S—Smile and Greet 微笑与问候。

T—Talk and Listen 交谈和聆听。

A—Answer and Anticipate 回答与预计。

R—Resolve Problems 圆满解决。

所有员工都会拿到“喜达屋关爱奖励计划——个人关爱记录卡”，以下三大类相关表现我们将给予奖励：

(1) 关爱酒店生意杰出奖。

(2) 关爱客人杰出奖。

(3) 关爱同事杰出奖。

所有行政委员会和部门经理将会拿到由喜达屋关爱奖励计划提供的提名表格。

除行政委员会成员以外，此项奖励计划适用于全体员工。

当员工的行为标准符合喜达屋关爱三项奖励计划中的任何一项时，任何员工都可以填写喜达屋关爱计划提议表格，并且列明理由。

表格填好后送至行政委员会，行政委员会成员进行审批并决定是否合格，然后递交人力资源部。

所有被提名员工将获得以下奖项：

(1) 在人力资源部兑换奖品。

(2) 行政委员会成员从所有提名员工中选出“月度最佳员工”，给予现金人民币 300 元或盛宴西餐厅 2 人份自助餐券 1 张的奖励。共有三类奖项（每个奖项一人）。

(3) 行政委员会成员可从 36 名“月度最佳员工”中，也可另外提名选出“年度最佳员工”，给予姊妹酒店一张两晚住宿券，交通费以及人民币 500 元现金奖励。共有三类奖项（每个奖项一人）。

所有获得喜达屋关爱奖的员工将由总经理在月度喜达屋关爱奖励大会上给其颁奖。

获奖之后一个月的 15 日之前，“月度最佳员工”还可以参加季度性区域奖项的竞选，就是说，在 4 月份、7 月份、10 月份和次年 1 月份，可以继续参加竞选季度性区域奖项（每个奖项一人）。

如他们在中国区竞选中胜出，酒店将给予人民币 1 000 元的现金奖励。

喜达屋关爱奖励最高奖项是亚太地区年度奖，所有员工不管是否曾获得过季度奖励都可被提名（酒店或地区）。

同样，酒店、地区在提名区域和主席奖时，也会参照那些多次获奖员工名单。

此项计划的益处是我们在整个年度不限制员工提名和获奖次数，最重要的是喜达屋关爱奖励计划的目的是回报、奖励那些有积极的态度和表现的员工，而这一切将不断地激励着我们的员工。

【任务评价】

评价内容	评价方式			评价等级
	自评	小组评议	教师评议	
1. 掌握酒店制度文化的含义和作用				
2. 掌握酒店行为文化的含义和内容				
3. 了解并掌握酒店精神文化、制度文化、行为文化及物质文化之间的关系				
总　　评				

任务三　体验——国际连锁酒店文化

【情境导入】

全球最大的酒店管理集团——洲际酒店集团（IHG）

IHG 是拥有 13 个酒店品牌的全球性公司，在全世界 100 多个国家和地区拥有 5 656

家酒店，842 759 间客房（数据截至 2019 年 6 月），因此，IHG 很了解酒店业。它们的愿景是通过创建“客人挚爱的杰出酒店”，成为全世界最杰出的公司之一。它们通过品牌酒店组合、优秀的员工和一流的交付系统实现公司的愿景。IHG 企业文化的核心是承诺认真负责地做好每一件事情。

【知识预备】

洲际酒店集团的酒店品牌家族有着客人熟悉和热爱的悠久传统，全世界数百万的客人可以立即认出它们的酒店品牌。

从 1777 年的第一家 Bass 酿酒厂到世界领先的酒店公司之一，洲际酒店集团的历史是先锋人物与创意相结合的代表，始终如一、值得信赖、勇于创新、关怀备至和坚持不懈一直是它们发展的基础。

2003 年 4 月，随着 Six Continents PLC 将集团的酒店业务和软饮料业务从零售业中（公司名称为 Mitchells & Butlers PLC）分离，洲际酒店集团（IHG）正式成立。洲际酒店集团不断打造自己的品牌，培养优秀的人才，构筑交付系统，并通过负责任的企业实践来巩固所有这些行动。

在 2019 年，洲际酒店集团已在全球 100 多个国家和地区运营着 5 656 家酒店。它的品牌占据 20 大酒店市场中的 13 个，客房比世界上任何一家酒店公司都多。

【知识情境】

一、IHG 的“制胜之道”——洲际酒店集团的核心价值观

（一）“制胜之道”从何而来

洲际酒店集团征询过全球上千名员工的意见，了解到员工在 IHG 工作中喜欢什么，不喜欢什么；什么在工作环境中有效，什么让洲际成功以及他们认为什么是更重要的东西，经过所有的访谈和 70 个不同的讨论会，洲际酒店管理集团提出了 5 项“制胜之道”。

（二）“制胜之道”意味着什么

所谓制胜之道是一套公司的价值标准，可以帮助保持酒店的工作路线，帮助酒店全球的团队员工学习如何更好地合作，最重要的是它将指引员工更有效率地工作，缩短工作时间和团结同事。

（三）“制胜之道”到底是什么

洲际酒店管理集团正在为继续成为世界上最好的公司之一而努力。为实现此目标，IHG 以全球最佳公司为楷模，而其中一点便是在洲际酒店管理集团内部达成一个共识，如何面对客人并且规范自身的行为准则。IHG 的历史和文化氛围无不体现了人们寻求与众不同的想法。IHG 奋斗的历程开始于产业传奇人物的创业精神，如凯蒙斯·威尔逊与他的假

日酒店。他提出的持续创新和顾客至上理念至今仍在施行。让 IHG 引以为傲的是它们引导着行业朝着对客人和合作伙伴有利的方向发展，“制胜之道”如一套体制，它影响着 IHG 的工作，让 IHG 保持步调一致并朝着共同目标努力。IHG 在为自己建立很有挑战性的标准，这些标准不是轻易能达到的，但是为了能成为最佳公司之一，IHG 正在为之不断努力。“制胜之道”是 IHG 为了使客人更加愉快，使公司更具竞争力而制定的。“制胜之道”能加强 IHG 的团队合作，更重要的是帮助 IHG 个人成长，同样 IHG 确信“制胜之道”能协助它们继续非凡之旅。

IHG“制胜之道”包括以下五个关键方面的内容：

第一，做对的事。

我们始终做我们认为正确的事，即使会面临困难，我们还是有勇气将之付诸行动。我们正直、坦诚，并能坚持到底。

· 我们履行自己的承诺而不失信于他人。

· 我们尊重事实并相信自己的判断。

· 即使有时是困难的，我们仍然勇于做出决定。

第二，体现关爱。

在同业中，我们力求比其他公司更能理解人们的需求。这意味着关注他人，留意周围的事物，察觉事情的重要性，并能主动担负起更正失误的责任。

· 我们将每个人视为一个独立的个体来对待。

· 我们积极寻找体现关爱的细节之处。

· 我们利用过去的经验找出提供优异服务的新途径。

第三，追求卓越。

我们致力于成为同行业中公认的领先者，所以我们建立了一支充满必胜信念的精英团队。我们力求成功并珍视那些始终寻求更好工作方法的人。

· 我们尽心学习新事物。

· 我们挑战自我及他人。

· 我们不断寻求改进之道。

第四，求同存异。

我们深信是大家的知识为我们的品牌注入生命。其他公司可能会强加给员工一种死板而一成不变的世界观，而我们不这么做。我们全球性的优势源于在保持一致的同时也乐于接受地方差异。

· 我们欢迎不同的观点并听取每个人的意见。

· 我们尊重各种不同的文化并愿意向他人学习。

· 我们在身处的社会团体中发挥积极作用。

第五，协作共赢。

团结就是力量，同心协力使我们成为一个强而有力的制胜团队。我们听取每个人的意见，结合我们的专业知识，创造一个坚不可摧、目标专注、相互信赖的团队。

· 我们致力于建立优良的工作关系。
· 我们充分顾及自己的言行及可能对他人产生的影响。
· 我们彼此信赖，相互支持。

二、“尽炫自我”

在洲际酒店集团，IHG 珍视每位员工的喜好与专长，并努力为员工创造一个成长、发展与取得成果的环境。IHG 让每一位员工有一个空间——“尽炫自我”的空间。

“尽炫自我”的目的是让员工能够发挥自己的个性，实现两件事情：可以更清楚地了解自己在工作岗位上应该做什么，如何去做，同时也可以彰显员工自己的个性；让员工感觉他们可以发挥自己的最佳能力。“尽炫自我”是 IHG 的承诺，要让员工感受到公司给予他们的支持，从而发挥出自己最佳的本领，而他们也可以得到培训和发展的机会，让他们可以充分完满地发挥出自己的潜能。这样会让员工感受到，他们不论在 IHG 的哪个岗位工作，都可以做出自己特有的贡献。

为了能对“尽炫自我”这项承诺赋予生命，IHG 对组织里所有员工做出了四项承诺：

（一）成功的开始

当员工加入一个新的组织通常都是很令人紧张的，要有一个成功的开始意味着每一个人从第一天开始就了解到组织对他们的期望，了解他们所扮演的角色，并且让他们感受到自己是这个大家庭的一分子。新员工都会经历一个完整的入职培训，这为他们以后的成长奠定了坚实的基础。

（二）参与的机会

“参与的机会”是让 IHG 的员工能够融入 IHG 的事业体。所以它的主要内容就是聆听员工的心声，以及采纳他们的观点。IHG 认为让员工告诉自己做得如何是很重要的，这样酒店就能够针对反馈来采取行动。开展员工调查是一项很好的管理举措，让管理层可以有机会站在员工的立场，了解他们对公司和工作的看法。通过 Merlin、公告栏和面对面的会议，IHG 让每一位员工能够及时了解相关信息，并且让员工可以有机会和高级管理人员进行沟通。

（三）成长的空间

所有在 IHG 工作的员工都希望能够最佳地发挥自己的潜能，所以 IHG 百分之百地致力于帮助员工发挥自己的潜能。IHG 给予每一位员工很多支持、培训，给予每一位员工成长和发展的机会，并让员工有机会和来自全世界的同事共同分享知识。

（四）自我的空间

IHG 注重激励员工、认可员工及奖励员工，从薪资福利到表扬杰出表现。员工的贡献将会得到回报与认可，同时 IHG 也重视员工个人生活的重要性。

知识链接

IHG的“制胜之道”

政策目的

该项目与洲际酒店集团的制胜之道相结合，项目设立的目的是在大中华区实施员工认可奖励项目。此外，它也用来指引员工不断超越工作期望。

适用范围

该政策适用于所有大中华区洲际酒店集团旗下的酒店。

政策总纲

该项目名为制胜之道奖，制胜之道奖用于为员工指引方向，从而达到以下五个制胜之道标准：

- 做对的事
- 体现关爱
- 追求卓越
- 求同存异
- 协作共赢

设立标准的原因

与洲际酒店集团的五个制胜之道标准相契合，它可以用来评估员工的工作表现；故该认可奖励项目能不断提醒员工其工作表现是否已达到制胜之道行为期望。

该认可奖励项目的结果可以用作年终工作表现评估的依据。

程序

政策的程序部分描述了认可奖励项目的构成情况。

管理职责

总经理持有对本政策进行开发和更改的职责。

流程

各酒店将印制制胜之道奖的卡片。

L5 级以上（包括 L5 级）的部门负责人在本部门或其他部门观察到员工达到以上任一指标并且表现出色时，将对应的制胜之道奖励卡片奖给该员工。如果工作表现只是达到日常工作标准或者没有具体表现的描述，则人力资源部的负责人员有权将卡片作废。

一旦部门负责人给出卡片后，他/她应在当天将卡片的左联交到人力资源部。人力资源部应保留所有记录。

每月所有的制胜之道奖励卡片将在酒店的行政委员会/部门经理会上进行讨论，评选出前线员工一名和后线员工一名，作为“月度制胜之道之星”。

人力资源部需从财务部申领一定数额的现金，以确保获得制胜之道奖励卡的员工及时兑换奖励。1 张制胜之道奖励卡片价值人民币 50 元。根据个人所得税的规定，员工当月获得奖金的总数将会计入该员工当月工资，并且扣缴相应税率的个人所得税。

当年（日历年）得到的制胜之道奖励卡需在当年（日历年）的年底之前兑换完毕。任何离职的员工，可以在雇佣期内兑换奖金。若制胜之道奖励卡在当年的年底之前未予兑换，则将失去兑换奖金的效用。

每月 L5 级以上（包括 L5 级）的部门负责人会从人力资源部收到 5 张制胜之道奖励卡片。

人力资源部负责对制胜之道奖励卡片按月进行汇总和统计。未使用的制胜之道奖励卡片将在次月继续使用并由人力资源部补足五张。

若任何一名员工因一件事被两个或以上部门负责人同时认可，则只有一张发放给该员工的制胜之道奖励卡片有效。

此员工认可奖励项目将替代各酒店现行的月度优秀员工项目。

各酒店可以自行决定对年度得卡片数量最多的前三名员工的奖励方式。

【任务评价】

评价内容	评价方式			评价等级
	自评	小组评议	教师评议	
1. 了解 IHG 的历史和规模				
2. 了解 IHG“制胜之道”的含义和内容				
3. 了解 IHG 的“尽炫自我”				
总　评				

任务四　规划——铸造最佳酒店文化品牌

【情境导入】

在酒店行业激烈竞争的今天，酒店不仅要提升硬件质量和服务水平，而且要通过建立独特的酒店品牌文化来增强企业核心竞争力。品牌已经不仅仅是酒店的名称与标志，更是酒店的精神和文化。当今社会，酒店品牌文化系统的建立，已成为酒店长远发展的重要战略。

【知识预备】

品牌是人们日常工作和生活消费中出现频率极高的一个词语。“品牌”一词源于古代挪威文学，本义为“烙印”，这个含义与现代品牌的作用是不谋而合的——品牌就是在消费者心目中留下的烙印。品牌最初的出现和私有制以及交换的发展密切相关，随着市场经济的发展以及竞争的加剧，品牌逐渐成为现代企业提升产品溢价能力的有效手段。

美国市场营销协会对品牌的定义是：品牌是一个名称、名词、符号或设计，或是它们的组合，其目的是识别某个销售者或某群销售者的产品或劳务，并使之同竞争对手的产品和劳务区分开。

美国著名营销学家菲利普·科特勒指出，品牌不仅是一个名称，从本质上说，品牌是销售者向购买者长期提供的一组特定的特点、利益和服务。

这些关于品牌的定义，虽然表述上各有不同，但都指出了品牌的主要功能是进行区分。不仅是对产品功能的区分，也是对人们身份地位的区分；与此同时，通过品牌，顾客还可以获得更多的附加价值。

【知识情境】

一、品牌文化的内涵

在商业社会，品牌被人们推崇和信仰，更多的是因为品牌背后所传达的意义与文化。像路易威登（LV）、苹果、保时捷、星巴克，它们不仅是商标或者名称，还是某种生活方式的象征。除了满足消费者对该类产品的需求之外，带来的更多的是消费之外的文化体验。品牌以生动形象的方式向消费者传递出其隐藏的文化内涵与深意，通过在消费者心目中形成的持久记忆，使消费者逐步建立对于品牌的文化和价值认同。正因为如此，品牌已成为企业一项重要的无形资产，也是现代企业核心竞争力的重要体现。

“品牌的一半是文化”，品牌与文化是相辅相成的。只有富含丰厚文化底蕴的品牌，才可以历久弥新，获得持久的生命力。众多世界知名品牌之所以能够享誉全球，其中一项重要因素就是品牌代表的独特的文化取向。品牌文化是品牌在经营中逐步形成的文化积淀，代表了企业和消费者的利益认知、情感归属、文化价值观，是品牌与传统文化以及企业个性形象的总和。品牌文化是企业与顾客之间的一种沟通方式，它将企业的品牌理念有效地传递给相关顾客，并由此获得他们的认可与推崇。

依据对品牌文化的相关定义，品牌文化应该包括三个层次的内容：表层的品牌文化，也称为品牌的物质文化，由产品和品牌的各种物质表现方式构成，集中表现了品牌在社会公众心目中的外在形象；中层的品牌文化，即品牌的行为文化，是品牌在日常行为活动中的文化表现；核心的品牌文化，即品牌的精神文化，它是品牌文化的精髓所在，是品牌在经营运作的过程中形成的意识形态和价值观。酒店品牌文化应通过这三个层次的建构，使其成为凝聚了价值观念、生活态度、审美情趣、时尚品位、情感诉求等的精神象征。这样，酒店品牌文化带给消费者的不再是单纯的功能性的满足，而是成为一种凸显自我价值的工具，一种心灵的慰藉和精神的寄托。

二、酒店品牌文化

（一）酒店品牌文化的内涵

从 20 世纪 40 年代起，伴随着欧美国家的众多酒店企业的集团化扩张，酒店品牌在市场竞争和经济利益的牵引下，经历了从无到有、从小到大、从单一到多元、从本土到国际的发展完善过程。进入 21 世纪以来，酒店市场的竞争更为激烈，品牌化的发展道路成为酒店企业竞争制胜的必然选择。

酒店品牌不仅是酒店的一个名称或者是标志，它还包含了非常丰富的内容和含义。依据营销学家菲利普·科特勒在《营销管理》中的解释，酒店品牌至少包括了品牌属性、品牌利益、品牌价值、品牌文化、品牌个性和品牌使用者。而在这六个要素中，品牌文化、品牌价值和品牌个性是最核心的因素，它们构成了酒店品牌的基础，也成为不同品牌相互区分的根本。

在酒店这个以提供服务为主的特殊行业，品牌对于企业和顾客都具有特殊的意义。品牌有助于加深顾客对酒店形象的认知，有助于维护和巩固酒店的竞争优势，是酒店的一笔巨大无形资产。同时，在现代酒店集团的扩张道路上，品牌也是其最有利的武器。

酒店品牌在其构建、发展的过程中，必然会形成自己所特有的文化积淀与价值取向，形成品牌文化。酒店品牌文化在形成之后会保持相对的稳定，但是也会随着酒店品牌的发展而不断地融入新的内容。

（二）酒店品牌文化的层次

1. 酒店品牌文化的识别层次

在酒店品牌文化中，产品和品牌的各种物质表现方式构成了它的识别层次。酒店品牌文化的识别层次是品牌文化的最外层，集中表现了酒店品牌在社会公众心目中的外在形象。顾客对于酒店品牌的认识主要是来自于此，它也是顾客和社会对酒店品牌总体评价的起点。酒店品牌文化的识别层次包含两方面的内容：产品特质和与酒店品牌相关的符号集合。

（1）产品特质。产品特质是酒店品牌必须具备的功能要素，它满足了顾客对酒店类产品的基本需求。酒店提供的是以服务为依托的特殊性产品，不仅包括酒店的硬件设施、环境氛围、风格品位这些外在的形式，还包括酒店员工所提供的服务。通过周到的服务与完善的设施设备，共同给顾客形成与品牌相关的初步印象。

（2）与酒店品牌相关的符号集合。酒店品牌文化的识别层次中还包括与酒店品牌相关的符号集合，它为顾客提供了识别和区分品牌的外在依据。酒店品牌的名称、标志、主题色调、审美风格等都属于符号集合的范畴。

酒店品牌的名称是品牌中的语言部分，是酒店品牌显性特征的浓缩，也是形成酒店品牌文化的基础。好的品牌名称能够有效地传达品牌的核心含义和关键联想，关系到品牌发展的成败，也决定了品牌的感染力和吸引力。

酒店品牌的标志包括特定的符号、图案、文字和色调，它应该最大限度地体现品牌的文化内涵。

2. 酒店品牌文化的行为层次

酒店品牌文化的行为层次是品牌文化得以传播和展示的重要途径。每一种价值观都会引发一系列具有指向性的行为。酒店品牌的行为文化是酒店在日常活动中的文化表现，包括经营行为、传播行为和酒店成员的个人行为，它是酒店品牌的价值观、经营理念、文化定位的动态表现，具有明显的直观性和无形性。酒店品牌的行为文化是品牌与顾客之间建立长久关系的核心，也是品牌个性彰显和形象塑造的关键。

（1）酒店品牌的经营行为。酒店品牌文化的塑造与酒店的经营活动息息相关，酒店的经营行为是一种动态的活动文化，直接体现了酒店的经营风格、经营理念和企业精神。

（2）酒店品牌的传播行为。酒店品牌文化的传播行为包括广告、公共关系、对外宣传等形式，传播行为是酒店品牌信息得以顺利传递到目标市场的重要方式，其有助于酒店品牌知名度的提升以及酒店品牌形象的塑造。

（3）酒店品牌的个人行为。酒店品牌的行为文化还包括酒店成员的个人行为，如管理人员、一般员工等的行为。他们的行为构成了品牌的个人行为，他们不仅仅是自我的代表，同时也通过个人行为践行和诠释着酒店品牌的文化理念和经营宗旨。

3. 酒店品牌文化的精神层次

在酒店品牌文化体系中，最核心的部分是品牌精神和价值观，它也是品牌文化的精髓所在，决定了品牌文化最终的走向。酒店品牌文化的精神层次包括企业在经营过程中所形成的意识形态和文化理念，它是品牌文化的灵魂。酒店品牌的精神文化包括品牌愿景、品牌精神、品牌宗旨、价值观等，它们决定了酒店品牌的个性塑造。

4. 酒店品牌文化的传播

酒店品牌文化的定位与创建只是完成了品牌文化构建的第一步，在形成了酒店品牌文化的雏形之后，酒店还要考虑如何通过各种有效的途径向目标市场传播品牌文化，让目标顾客了解并接受这一品牌。酒店品牌文化的传播与推广是决定品牌价值与品牌文化形成的决定因素，它可以提升酒店的品牌形象，有利于顾客对品牌的理性消费和有效识别。酒店品牌文化的传播过程实际上是酒店和相关公众群体相互沟通的过程，在这个过程中，酒店需要用同一个声音持续不断地向目标市场传递与品牌相关的信息，以强化其品牌形象。

广告是酒店品牌文化传播中最常用的方式。它以其鲜活的色彩、生动的画面、艺术化的形象将与品牌有关的信息传递给目标顾客。广告这种方式带有浓重的商业气息，其主要的功能是激发目标顾客的潜在购买欲望。除此之外，广告还有一个隐蔽的目标，即文化渗透。在广告的反复作用下，人们会无形中接受它所传递出的品牌文化。

除此之外，公共关系在酒店品牌文化的传播中也发挥着重要的作用，酒店可以借助多样化的公关活动来完善品牌文化的推广。公共关系为酒店品牌的传播提供了更丰富的形式和更广阔的舞台。甚至在品牌面对严峻的危机考验的时候，公共关系会发挥力挽狂澜的作用，帮助企业化解危机，重塑品牌形象。

知识链接

如图 4－2 所示，香格里拉酒店的标识是一个高耸入云的山峰倒映在澄清的湖泊上，秉承香格里拉（Shangri-La）优美名称的深切含义，配以融合现代化及亚洲建筑特色的“S”标志，象征着其以亲切、和谐及自然美的精神为顾客服务的宗旨。同时该品牌的标志主体颜色是黄色和黑色，黑色代表庄严，黄色代表权威，二者结合在一起寓意了该品牌的高档与尊贵。

图 4－2　香格里拉酒店标识

【任务评价】

评价内容	评价方式			评价等级
	自评	小组评议	教师评议	
1. 了解什么是品牌				
2. 掌握酒店品牌文化的内涵				
3. 了解并掌握酒店品牌文化的层次及传播				
总　　评				

任务五 展望——中国服务的品牌战略

【情境导入】

2010 年 9 月 28 日，在北京国际饭店召开的首届“中国服务”发展论坛上，首旅集团的董事长段强先生正式提出“中国服务”应为国家的新品牌、新战略，而且旅游业是最有可能、最有条件成为“中国服务”战略的核心产业和先导产业，也是城市经济发展方式转变、推动产业结构优化升级最关键的现代服务业之一。

【知识预备】

什么是“中国服务”?

段强先生指出：一是坚持品牌+资本战略，立足主业，拓展新业，构建复合型服务体系；二是抓住现代服务业发展机遇，立足优势区位，顺应消费趋势，构建服务产业集群；三是按照“创新自主品牌，打造中国服务”的战略构想，构建中国旅游品牌体系。

什么是“金钥匙服务”?

“金钥匙”是一个国际的服务品牌，拥有先进的服务理念和标准；是一个服务的专家、服务的榜样；也是一个服务的网络。国际金钥匙组织起源于法国巴黎，是全球唯一拥有 90 年历史的网络化、个性化、专业化、国际化的品牌服务组织。自 1995 年被正式引入中国以来，中国金钥匙组织经过 20 多年的发展，目前覆盖全国 285 个城市、2 300 多家高端企业，拥有 4 000 多名金钥匙会员，形成中国最大的线上线下品牌服务网络。

【知识情境】

一、海底捞的亲情服务模式

“中国服务”战略在全国范围的推广和实施，应该有相应的具有中国特色的服务模式作为基础。从这些年服务业的发展来看，国内的很多企业都在不断地为此努力，探索自身有特色的服务模式，例如首旅集团的“建国模式”“如家模式”等。但是，这几年在服务业声名鹊起、最著名的当属“海底捞”。

今天的海底捞，几乎成了餐饮服务业的“教育基地”。在每天熙来攘往的顾客中，有许多是老板带着员工来感受“这才叫作服务”的；有的是偷偷来学艺的；还有不少故意来考验海底捞服务员心理承受能力到底好到什么程度的。海底捞之所以声名鹊起不在于其火锅的口味有多么独特，而在于其服务的口碑。海底捞有很多人们耳熟能详的服务案例，案例和点评随便都可以在网上搜索到，在此就不再一一列举。研究海底捞成功原因的文章连篇累牍，《海底捞你学不会》《海底捞你学得会》《海底捞捞什么》《海底捞的经营哲学》等图书也出版了若干种。有太多的文字在嘉奖海底捞的与众不同，有太多的书籍标榜海底捞为正宗的中国式服务。我们的问题是，海底捞服务是否可以成为“中国服务”的代表？中国的服务业企业是否可以通过学习海底捞而打造“中国服务”？一个管理创新论坛请海底捞老总张勇去讲课，张勇认为口味并不是餐饮企业最重要的标准，创造卓越的服务也不复杂，“我们的管理很简单，因为我们的员工都很简单，是受教育不多、年纪轻、家里穷的农民工。只要我们把他们当家人对待就行了。”

对，这就是海底捞最大的创新——把员工当家人对待。

按说“善待员工”这个道理是管理的常识。余世维曾经说：“善待你的员工，他们才会善待你的顾客，善待你的顾客才能赚更多的钱。”但是这种管理常识为什么在其他服务企业往往不容易做到呢？这仍旧是我国服务文化的问题。在我们的服务文化里没有骨子里的平等，骨子里的等级意识在市场经济大潮的冲击下并没有被荡涤掉。这也是一般企业“无法学得到”海底捞的企业文化的根本原因。

在海底捞的服务出现时，实际类似的服务在一个行业已经存在很久了，虽发生在身边，但我们往往视而不见。这个行业就是老年保健品行业。老年保健品的推销员对我们身边的老人的关怀和服务，是无微不至的，也是“超级服务”的代表。他们会让老人们免费做保健、体验保健仪器、药浴泡脚、做按摩、参加郊区旅游等。大妈大叔，爷爷奶奶，叫的比自己家里人还亲，会陪老人唠嗑，嘘寒问暖，上门帮老人洗碗、拖地擦玻璃。一旦老人不来，会亲自打电话询问，听说病了，还会买水果去家里慰问。尽管老人的儿女们会说，天下没有免费的午餐，保健品不治病，只是心理安慰，这些人的目的是让你买保健品，但这些都无法阻挡老人们排着队去体验免费的种种待遇，去领免费的鸡蛋、大米和油，更无法阻挡老人们对保健品的购买狂潮。

这种大众亲情的关怀服务，说到底还是一种营销手段。

这种营销手段的服务不是服务产品本身。我们从没听说，海底捞的免费擦鞋擦得多么好，免费美甲、手部护理超出专业店多少等。

海底捞的这些服务不是其核心产品，只是可有可无的边缘服务。它的核心服务产品是火锅。饮食文化的服务才应该是海底捞的本业。在本业上，我们并没有看到海底捞超出同行企业多大距离。

如果再向前梳理国内的服务模式的历史，我们会记得当年海尔的服务模式。海尔开创的免费贴心的“五星服务”在战略上是很成功的（与海尔相比海底捞的服务模式可以说是“超级五星模式”），这种成功大大地提高了整个家电行业甚至社会的服务意识与水平，使家电行业的服务进程加快了三到五年，并且形成了一大批的跟随者或模仿者。然而，在海尔服务模式曾经成为家电行业主流模式之后的今天，我们发现，家电行业正在悄悄地进行着一场服务的“收费革命”。人们在网上或卖场买电器的时候，会发现电器边上标明了一年服务多少钱、两年服务多少钱，家电厂家们的“终身免费服务模式”基本终结了。

在西方发达国家，正常的消费者都有这样的常识，即天下没有免费的午餐，好的服务是要付费的。如果哪一个公司过分强调“免费服务”，那只能说明它的产品不够好。这才是真正的服务的商业逻辑。中国家电行业免费服务模式在兴盛一时之后，“中国特色”终于和“国际惯例”接轨了。任正非在华为的日本分公司开会的时候，讲了一个案例。他说：

“最近一个姑娘跟我讲她想给爸妈换一个新的洗衣机，他们那原来的洗衣机是日本的，用了十几年老不坏，但还想换个新的，怎么办呢？父母又不舍得丢，后来就把日本那个洗衣机专门用来洗被子呀什么的，又换了个新洗衣机。她‘恨’日本产品的质量，怎么老用不坏呢。我十多年前，也买了个日本松下洗衣机，松下爱妻牌，20 世纪 80 年代买的，我都换过两三次房子了，这东西还不坏，如果华为的产品也是这样的话，我们就不得了了。”

李克强总理在 2016 年的政府工作报告中说，要鼓励企业开展个性化定制、柔性化生产，培育精益求精的工匠精神。这种拒绝产品后期维护的服务，甚至直接去掉后期补救性的边缘服务，追求产品本身极致水平的服务精神，才是真正具备“工匠精神”的服务，是追求本业极致水平的服务。这种服务模式才是“中国服务”所要求的服务模式。

中国游客到日本非常喜欢购买电饭煲、马桶盖、保温杯、毛巾等。国内的很多企业不服气，说我们产的马桶盖、电饭煲一点不比日本的差，但为什么国人不买账呢？

同样是餐饮服务，被称为“寿司之神”的日本小野二郎，终其一生，永远以最高标准要求自己和学徒为顾客做到极致服务。为了服务好客人，他仔细观察客人的用餐状况，根据顾客的性别、用餐习惯，精心安排座位，时时关注客人的用餐情况并加以微调，确保客人享受到极品美味。为了保护创造寿司的双手，他不工作时也永远戴着手套，连睡觉也不懈怠。“数寄屋桥次郎”这间隐身东京办公大楼地下室的小店面，远近驰名，曾连续两年荣获美食圣经《米其林美食指南》三颗星最高评鉴，被誉为值得花一辈子排队等待的美味。小野二郎带给饕客的，不仅是口腹上的满足，更是心灵上的撼动和享受。

这种追求极致服务的精神在中国历史上曾延绵不绝。如技艺精湛的鲁班、“游刃有余”的庖丁、赵州桥的建造者李春等，哪一个不是工匠精神的代表？他们追求极致的服务精神为人类文明发展都做出了巨大的历史贡献。

综上所述，当前流行的亲情式大众服务模式，是一种很重要的企业管理和营销方法。这种服务在国内大行其道，反映了我们社会的客户需求。大众亲情服务模式的流行在一定范围和一定时间内，对于提升我国服务水平，推动我国服务文化的发展是有一定帮助的，但是这种落后的服务文化不符合现代化服务业的发展。如果将这种阶段性、局部性的大众亲情服务模式当作现代化服务业的发展趋势，进而将此提升为“中国服务”的模式和终极目标，以至于走出国门则是不妥的。

“中国服务”应当既有中国传统文化精髓中“工匠精神”的传承与融合，又要有与国际接轨的创新模式。追求产品本身极致水平的服务精神，追求本业极致水平的服务模式，才是“中国服务”的目标和方向。

二、金钥匙服务与“中国服务”

中国金钥匙在中国服务领域一直默默耕耘，践行着“我们不是无所不能，但一定竭尽所能”的金钥匙服务精神。这种精神传承和融合了中国传统文化精髓中的“工匠精神”，又在引进国际服务品牌的基础上不断创新。可以说，中国金钥匙是中国服务模式的代表者、先行者和探索者，在中国服务领域有理论（有理念）、有实践、有传承、有创新。

（一）有理论（有理念）

中国金钥匙组织是伴随着改革开放而从国外引进的，但在引进国际金钥匙组织时，因没有自己的服务理念，只好把国际金钥匙的理念同时引进来，照猫画虎地学习和执行。然而，由于欧洲金钥匙有悠久的职业伦理和宗教精神做基础，所以国外金钥匙的理念很简单，“心甘情愿地服务，满怀自豪地服务”，“金钥匙会去做任何一件事情、能够做到每一件事情，并且永远不会说‘不’”，“传承友谊，用心服务”。这些国外理论和理念不能给中国金钥匙提供足够强大的理论支撑。中国金钥匙组织的创始人孙东说：“开始我们认为是给高端客人提供金钥匙服务，所以我们尽力去按企业领导要求，做好金钥匙品牌服务。按金钥匙品牌服务标准要求做了一段时间后，我们知道此委托代办服务给客人提供了极大的方便，从客人脸上满意加惊喜的笑容，我们开始体会到什么是金钥匙极致服务体验的价值。”中国金钥匙开始在实践中思索总结自己的理念。随着中国金钥匙组织的蓬勃发展，许许多多金钥匙优秀服务伙伴的案例积累越来越多，理念开始越来越清晰。“先利人后利己”的价值观，“用心极致，满意加惊喜”的方法论和服务标准，以及“在顾客的惊喜中找到富有的人生”的人生观、“我们不是无所不能，但一定竭尽所能”的服务精神逐步形成。中国金钥匙形成了完全不同于国际金钥匙的理念，加上近些年的关注中国金钥匙发展研究者们的理论研讨，中国金钥匙的服务哲学已初具雏形，这必将为中国服务的理论研究和发展奠定指导性基础。

（二）有实践

“金钥匙”这一服务品牌自 1995 年正式引入中国以来，已经走过了二十多年的实践之路。在国家旅游局（现为文化和旅游部）及旅游饭店业协会的大力支持下，国内高星级酒店、物业公司积极与中国金钥匙组织开展业务交流与合作，中国金钥匙目前已发展成为覆盖全中国 260 个城市、1 850 多家酒店和物业、2 800 多名（其中 140 多名国际礼宾会员）会员的服务协作网络。2003 年创建的金钥匙国际联盟，同时为酒店、物业和服务企业提供金钥匙品牌、理念、标准及极致服务体验；以金钥匙服务品牌为纽带，通过品牌加盟形式，帮助各加盟成员建立统一的高端服务品牌形象，提升加盟企业的服务品质和品牌形象。经过十多年的发展，金钥匙国际联盟已经发展成为一个拥有 145 家高端酒店、280 家高端物业、33 家服务企业和 31 家欧美奢华酒店加盟的中国的高端酒店·物业·服务联盟。“实践是检验真理的唯一标准”，中国金钥匙理念在实践中得到检验和升华，在中国服务业的快速发展中，中国金钥匙理论与实践做到了完美有机结合。2008 年 2 月，中国金钥匙受到第 29 届奥运会北京奥组委邀请，作为唯一服务品牌组织参与奥运会接待服务，这是百年奥运历史上首次展现金钥匙服务。这也是金钥匙组织作为世界顶级服务品牌参与奥运会服务的首次突破，它标志着中国金钥匙作为“中国服务”的代表正式登上了历史舞台。

（三）有传承

中国金钥匙创建得益于改革开放的国内大环境，得益于国家政府、国际开明人士以及国际金钥匙的帮助，其精神、理念和制度的建设，包括最早的人才培养都传承于国际金钥匙组织。但是，中国金钥匙并没有把自己限制在国外的服务文化和理念范围之内，而是在实践中不断寻找、挖掘中华传统文化的精髓，将自身的服务理念与其融会贯通。儒家“义利合一”价值观，道家“由技入道”的修炼方式，追求极致的工匠精神，佛家“勇猛精进”，在中国金钥匙的理论和实践中都得到了有机传承。在这种传承中，中西服务文化得以碰撞交融，激发了各自的文化活力，为今后“中国服务”理论、实践和文化的发展提供了无尽的精神源泉。

（四）有创新

作为具有几千年历史的中华民族自古就有极强的学习、包容和创新的能力，正是这种能力使中华文明虽饱经磨难，但仍生机勃勃延续至今。如同马克思主义诞生于西方，在全球多个国家经历了兴起和衰落，唯在中国得到实践的创新和发展，进而开创出具有中国特色的马克思主义，成为全球发展中国家崛起的一面旗帜。

虽说金钥匙作为西方服务文化的代表，在进入中国初期，有些文化上水土不服，但是引领中国的金钥匙是一批有激情有思想的年轻人，他们有极强的学习能力、实践能力和包容心态，迅速成长起来。他们在实践和学习中，很快洞察到服务的真谛，认识到人生就是服务与被服务的过程，服务就是人生，人生就是服务；认识到社会的本质关系，工作、生活，乃至政府管理在一定程度上都是服务的关系，服务无处不在。中国未来的快速发展离不开中国服务的崛起和振兴。中国金钥匙在传承西方的服务文化以及中国的传统文化的基础上，不断创新，自成一家，在理论体系的逻辑性、整性上已经超越了西方传统的金钥匙服务理论。伴随着中国的发展，中国金钥匙的发展速度和规模，也大大超出了西方金钥匙，已经拥有了完整的独立自主品牌和品牌经营管理经验，拥有已经验证的正确发展道路和商业模式，拥有覆盖国内乃至全球的服务网络系统。

中国金钥匙创始人、主席为孙东先生，中国金钥匙 LOGO 见图 4－3。

图 4－3　中国金钥匙 LOGO

在中国实施“一带一路”倡仪的时机，中国金钥匙规划着自身的发展，其成员认识到在移动网络数字化时代，已经实现系统化和网络化的中国金钥匙服务必将迎来国际化的发展机会。

中国金钥匙将以“极致服务”的理念、哲学和实践，把满意加惊喜的客户体验推广到世界每一个角落，引导“中国服务”理论和实践，推动“中国服务”走向世界，影响世界服务的格局。

【任务评价】

评价内容	评价方式			评价等级
	自评	小组评议	教师评议	
1. 了解“中国服务”				
2. 了解金钥匙服务				
3. 了解海底捞的亲情服务模式				
总　评				

【拓展与练习】

一、拓展任务

拓展任务 1——寻找品牌酒店。

在你所在的城市中，寻找一家知名的品牌酒店。参观该酒店的对客区域，拍摄该酒店在客区的各个品牌标识及品牌产品，尝试解释该品牌的含义并判断其品牌产品是否与其含义相符合。

拓展任务 2——品牌酒店的制度文化。

联系并申请参观该品牌酒店的后台区域，在员工公告栏或宣传栏等相关区域寻找企业文化宣传、优秀员工表扬、员工仪容仪表规定、员工纪律等与制度文化相关的线索。

拓展任务 3——品牌酒店的行为文化。

在该品牌酒店的对客区域，观察其员工和管理人员的举止行为，记录下他们符合品牌精神的行为；同时也记录下员工是否有不符合品牌精神的行为以及当时管理人员的反应；如有可能也请记录下管理人员不符合品牌精神的行为。

二、思考与练习

1. 酒店文化有几个层次？
2. 什么是马斯洛需要层次理论？他把人的需要分为了哪几个层次？
3. 喜达屋杰出关爱奖励和洲际酒店集团员工认可奖励计划有什么共同之处？
4. IHG 制胜之道的含义和内容是什么？
5. 你认为国内酒店集团和国际先进的酒店集团相比有哪些差距？国内酒店集团应该从哪些方面加以改进和提升？
6. 中国服务的内容包括哪些？
7. 金钥匙服务的内涵包括哪些？

【项目小结】

本项目介绍了酒店文化的含义、结构与特征，分析了酒店企业文化的核心价值和建设过程，举例介绍了国际连锁酒店企业文化内涵建设，对现代酒店的企业文化规划和建设进行了基础性研究分析，并对中国服务与金钥匙服务进行了介绍。

项目五　返璞归真的新理念

学习目标

◎ 了解国内外绿色饭店的发展趋势
◎ 掌握绿色饭店（环保酒店）的定义
◎ 了解绿色饭店的绿色产品及服务的种类
◎ 了解酒店绿色文化的建设
◎ 设计有创新意义的绿色产品并制定营销方案

任务一　迎接——日新月异的绿色浪潮

【情境导入】

春节假期，小明的大伯特意带小明到香港“见世面”，玩了一整天，入住了一家看起来很不错的酒店。房间很精致，也很舒适，还有一个小阳台。也许是因为玩累了，小明习惯性把鞋子一脱，然后去床头柜找拖鞋，没有，然后去其他地方找……结果找遍了房间都没有找到，而且还发现浴室里连牙膏、牙刷都没有。于是小明打电话到总台，要求拿双拖鞋和其他一次性的用品，总台服务员很有礼貌地告诉他，他所要的东西全部是要收费的，共计 50 港元。小明懵了，香港好“黑”啊！连这个都收费！后来大伯告诉他，香港地区很重视节能环保，酒店易耗品容易造成资源浪费和环境污染，所以大多数酒店提倡自带用品，如果忘了带，就需要花钱买，花过一次心疼钱，以后就不会忘了。小明恍然大悟。我国香港地区的很多酒店都贴有禁止提供一次性酒店用品的标识（见图 5－1）。

图 5－1　禁止提供一次性酒店用品标识

【知识预备】

一、绿色饭店发展的背景

从 18 世纪的工业革命以来，特别是第二次世界大战以后，人类文明进入到一个前所未有的高度，人类的发展充满希望和欣喜，但是这种希望和欣喜的背后隐藏着人类生存和发展的危机——生态破坏和环境污染问题已随着工业化的不断深入而急剧蔓延，形成了大面积的公害。

人类长期忽视环境问题并非偶然。因为环境保护需要投入，要占用一定的社会资源，所以只有当社会产生了环境保护的需求并有相应的强制措施后，环境保护的投入才能实现。环境污染的出现和扩展有其必然性，要解决环境问题，需要有动力。

20 世纪 90 年代，世界进入了“环保时代”“绿色时代”。绿色时代的到来对世界经济发展产生了巨大影响，酒店业也不例外。人们在生产和消费过程中，越来越关注资源与环境的保护。虽然旅游酒店业不像能耗大、污染严重的重工业一样会给生态环境带来严重的破坏，但是也会给环境带来不同程度的隐性或显性的污染及资源浪费（见表 5 - 1）。

表 5 - 1　　酒店可能存在的对环境造成影响的因素

环境污染及资源浪费类别	影响因素
水体污染	餐饮、洗衣房、PA 运行操作时带来的含有化学成分的污水；工程部、车队清洁等带来的废油水；客房清洁带来的含有清洁剂的废水
大气污染	制冷设备可能带来的氟利昂的泄漏；锅炉排烟及厨房排油烟；洗衣房干洗油使用时，有毒气体的排放；饭店对部分垃圾焚烧时的气体排放；汽车尾气排放；其他设备使用时的气体排放
噪声、辐射污染	大型设备运作时产生的噪声污染；高压电器、电子设备等产生的辐射污染
固体废弃物	酒店缺乏对固体垃圾的分类收集，难以产生再循环利用；酒店产生的危险固体垃圾与普通垃圾混放，容易产生再度污染
能源的使用	各部门在操作过程中，管理不力或无效运行造成的能源浪费；能源的直接浪费

二、国内外绿色饭店发展简介

绿色饭店的概念诞生于 20 世纪 80 年代的欧美发达国家，首先由德国的一家绿色标志组织提出概念并发起。90 年代中后期，北欧白天鹅、加拿大枫叶、德国蓝色天使等环境标志体系组织以及美国、英国等国家的饭店管理组织和绿色环保机构开始颁布或制定所在国或区域性的绿色饭店标准。目前国外许多著名酒店管理集团在环保方面都采取了很多措施。如加拿大太平洋酒店实施整体环保计划，使饭店在废弃物处置方面节约5 000 美元的费用，使用节能灯节约 2.5 万美元，节气 8 300 美元，并得到电力公司 1 900 美元的退款。据悉，欧美国家绿色饭店的增长率每年以 18.2%的速度递增。目前，发达国家早已走过了概念探索的阶段而进入到实质性的推广应用和普及阶段，而我国的绿色饭店创建事业基本上还处于概念探索和尝试性的应用阶段。

20 世纪 90 年代中期，国外绿色饭店的理念传入我国，在北京、上海、广州等一些大城市的外资、合资饭店和一些由国外管理集团管理的饭店开始实施“绿色行动”，其他也有一些酒店自发开展了相关活动。1999 年，浙江省在全省范围内开展了创建绿色饭店的活动，这是国内首次在省级区域内开展的创建绿色饭店活动。此后，深圳、广西、四川、河北、山东等一些省市也相继开展了绿色饭店创建活动。同时，绿色饭店的建设也给酒店带来了经济效益。

【知识情境】

一、时尚前卫的绿色理念

（一）绿色饭店的定义

绿色饭店可以翻译为 Green Hotel 或 Ecology-efficient Hotel，意为生态效益型饭店。它是指为旅客提供的产品与服务符合充分利用资源、保护生态环境的要求，并有益于顾客身体健康的酒店。简而言之，它应是环境效益和经济效益双赢的结晶。

目前，中国绿色饭店（2003 年，由全国绿色饭店工作委员会评定）以银杏叶作为标识，分为 A 级至 AAAAA 级（见图 5－2）；绿色旅游饭店（2006 年，由全国旅游星级饭店评定委员会评定）以绿叶为标识，分为金叶级（见图 5－3）和银叶级（见图 5－4）。

图 5－2　AAAAA 级中国绿色饭店

图 5－3　金叶级绿色旅游饭店

图 5－4　银叶级绿色旅游饭店

（二）绿色饭店的含义

绿色饭店的绿色，其含义有三层：第一，提供的服务本身是绿色的。即要为顾客提供舒适、安全，符合人体健康要求的绿色客房和绿色餐饮等。第二，服务过程中使用的物品是绿色的。要求用于服务过程的物品是安全、环保的。第三，经营管理过程中注重保护生态和资源的合理利用，注重可持续发展。

总之，要在确保服务品质的前提下，做到尽量节省能源、降低物质消耗、减少污染物和废弃物的排放。

（三）绿色饭店的核心

为顾客提供舒适、安全、有利于人体健康要求的绿色客房和绿色餐饮，并且在生产经营过程中加强对环境的保护和资源的合理利用。

（四）绿色饭店的特点

绿色饭店的特点有四个：(1) 安全，是指要确保消防安全、治安安全和食品安全；(2) 健康，是指要提供给消费者有益于健康的服务和产品；(3) 环保，是指要减少和避免浪费，减少对环境的污染；(4) 节约，是指在经营过程中注重循环经济、节约降耗，实现资源利用的最大化。

（五）绿色饭店的指导思想

以环境友好为理念，将环境友好行为、环境管理融入饭店经营管理中，贯彻环保、节约、健康和安全的宗旨，坚持绿色管理和节约资源方针，建设绿色消费，保护生态环境和合理使用资源的饭店。

（六）创建绿色饭店的意义

1. 创建绿色饭店是实现自身可持续发展的重要途径

创建绿色饭店对自身发展的好处在于以下几个方面：

(1) 节约成本。环境问题与酒店经营成本直接相连，恰到好处的管理可降低饭店的成本。

(2) 适应社会要求。随着国家环保立法的完善和公众关注度的提高，酒店必须采取措施以适应这一形势的要求。

(3) 赢得竞争优势。绿色饭店倡导安全、环保和健康的理念，受到越来越多顾客的青睐，因此其在未来的竞争中处于优势地位。

2. 创建绿色饭店是实现旅游业可持续发展的重要途径

旅游业可持续发展的实质是要求旅游与自然、社会、文化和人类的生存环境成为一个整体，实现经济发展目标和社会发展目标的统一。酒店业作为旅游业的一个支柱产业，对于实现旅游业的可持续发展负有不可推卸的责任。可以说，创建绿色饭店是实现旅游业可持续发展的一个重要途径。

3. 创建绿色饭店有利于节约能源

酒店所消耗的资源主要包括水、电、燃料等。一家使用面积在 8 万～10 万平方米的大型酒店，全年能源的消耗量相当于 1.3 万～1.8 万吨标准煤。目前全国有酒店近 54 万家，其中，酒店的能源成本约占总成本的13.4%。就目前的情况而言，酒店在使用水、电、燃气以及消耗品等方面有较大的节约空间。如果采取切实有效的节能措施，可以节约能源费用的20%～30%，能源费用可以降低到酒店总成本的8%左右。经专家测算，全国如果创建1万家绿色饭店，将能节约用电309亿度，相当于目前三峡水利枢纽近1个月的发电量，相当于167万个城镇家庭1年的用电量。节水2亿吨，相当于20个西湖的水量、185万个城镇家庭一年的用水量。

4. 创建绿色饭店有利于保护环境

旅游业的不断发展推动着全球经济的迅速发展，也推动着酒店业的不断变革。但是，很多酒店的管理者为了眼前的利益忽视了酒店的“破坏现象”，即对环境的漠视。社会进步要求社会、环境、经济协调发展，自然资源是生命赖以生存的基础，也是经济活动最原始的物质来源，任何一种自然资源都离不开环境的支持，环境质量是自然资源经济价值能否发挥的前提，合理利用自然资源是可持续发展的基础。所以，酒店对资源和环境的保护有着不可推卸的责任，创建绿色饭店是社会进步的需要。在建设绿色饭店的过程中，采用科学的方法对酒店进行绿色管理，可以把能耗、污染、浪费程度降到最低，从而达到保护环境和节约资源的目的。

5. 创建绿色饭店有利于提高效益

绿色饭店的创建不仅可以提高收入，还可以降低消耗，从而达到提高效益的目的。绿色饭店本身就是一个招牌，能够吸引顾客前来消费。现在，人们越来越重视环保，绿色饭店很容易引起有社会责任感的消费者前来光顾，并形成良性的互动机制。同时，强化节约意识，推行节能新技术（包括实行绿色照明），创建绿色客房，使用环保型设备和用品，减少一次性用品，实行垃圾分类、有机垃圾无害处理等，都可以大大降低酒店业的能源消耗。浙江省在很大程度上降低酒店的能耗投入，从而大幅提高了酒店的经营效益。

6. 创建绿色饭店有利于赢得市场

国际市场上，绿色消费逐渐成为主流，我国消费者的环保意识也正在加强。在此背景下，绿色消费的需求剧增，绿色消费无所不在地融入人们的生活，深刻地影响着人们的价值观和消费行为。在环保意识强的国家，酒店是否达到绿色标准，已经成为人们选择酒店的重要因素。所以说，绿色饭店能吸引更多的绿色消费者，扩大市场的占有率。

知识链接

亚太地区著名绿色环保酒店和度假村

有关组织公布了亚太地区著名绿色环保酒店和度假村名单，继续大力支持旅游业的生态和谐发展。这些酒店均以绿色环保为主题，让前来度假的游客在假日期间也不忘保护环境。

1. 泰国苏梅岛通赛湾酒店（见图5-5）

绿色措施：废物管理、回收利用和节能；帮助当地居民建立起一座“低碳理念学校”，并与苏梅岛的其他酒店一起合作，保护岛屿自然风光，促进岛屿生态的可持续发展。

图 5-5　通赛湾酒店

2. 印度尼西亚巴厘岛乌布阿丽拉酒店（见图 5-6）和阿丽拉曼吉斯酒店（见图 5-7）

绿色措施：竭力减少自身对环境的污染，大力发展环保活动，如户外徒步旅行、自行车运动和烹饪课程。度假村同时还为游客提供学习巴厘岛文化和传统习俗的机会。

图 5-6　乌布阿丽拉酒店

图 5-7　阿丽拉曼吉斯酒店

3. 柬埔寨吴哥索菲特佛基拉皇家高尔夫 &SPA 度假村（见图 5-8）

绿色措施：酒店与非政府组织 Agrisud 合作并展开一系列活动，共同帮助暹粒地区克服贫困。酒店还向当地农民购买农产品自制原料，并聘用上百名当地工人。

图 5-8　索菲特佛基拉皇家高尔夫 &SPA 度假村

4. 菲律宾迷你诺岛艾尔尼多度假村（见图 5-9）

绿色措施：通过实施回收利用，最大限度减少对环境的污染，并使用荧光灯泡达到节能目的。度假村与当地组织一起开展海岸清理项目，监测当地生态环境。同时度假村的所有员工都需要参加为期 5 天的“Be G. R. E. E. N”（Guard，Respect，Educate El Nido）培训课程。

图 5-9 迷你诺岛艾尔尼多度假村

5. 马来西亚兰卡威素馨花度假村（见图 5-10）

绿色措施：通过实施多项“绿色项目”，极力减少对环境的污染，保护生态环境。度假村不但致力于降低能源消耗、有效管理能源，而且使用环保型清洁剂，通过湿地过滤污水（厨房污水）。

图 5-10 兰卡威素馨花度假村

6. 印度尼西亚民丹岛悦榕庄（见图 5-11）

绿色措施：整体设计以保护岛屿热带雨林为主要理念，环绕在度假村四周的茂密树林，部分树龄已达 50～100 年。民丹岛悦榕庄不仅帮助当地村庄的发展，还提倡保护当地传统文化，并与由 40 多名村民组成的团队及其他合作伙伴一道保护当地环境。

7. 柬埔寨和平饭店（见图 5-12）

绿色措施：十分重视当地的基础设施建设，多次发起有利于当地社区发展的活动，其中包括一个“缝纫培训中心”，为当地弱势群体高龄妇女提供学习缝纫技术的机会。酒店也为下榻客人提供帮助当地居民的机会，包括资助当地学生上学或捐赠自行车，以及为需要帮助的家庭捐赠水井等。

图 5-11　民丹岛悦榕庄

图 5-12　柬埔寨和平饭店大厅内具有民族气息的雕像

8. 印度孟买兰花酒店（见图 5-13）

绿色措施：亚洲第一家被认证的环保型五星级酒店。酒店拥有九个“蚯蚓养殖”箱（蠕虫农场）作为污水处理设备，同时在客房内设有一个特殊的“绿色按钮”，此按钮可增加室内温度 2 摄氏度，有效降低了使用空调所消耗的电能，可达到节约能源的目的。

图 5-13　孟买兰花酒店露天餐厅

9. 马尔代夫 Soneva Fushi by Six Senses 度假村（见图 5－14）

绿色措施：包括植树项目，禁止扑杀鲨鱼，并从印度购买风力发电机实施无碳项目。度假村还专门聘请一名海洋生物学家，为游客介绍环保和海洋生物知识。“Slow Life”的生活方式是度假村倡导的原则之一，鼓励客人在度假期间保持“Slow”节奏，参与更贴近自然的活动，如在大自然中散步、观星和进行非机动水上运动。

图 5－14 Soneva Fushi by Six Senses 度假村

10. 澳大利亚 Kingfisher Bay Resort and Village Fraser Island 度假村（见图 5－15）

绿色措施：度假村的教育研究中心密切观测岛屿生态状况，同时提供“环保游”导游服务，带领客人游览红树林及体验土著文化，进一步加强环保意识。度假村把废弃物品送到蠕虫农场，在那里将垃圾转化为肥料，然后使用到芳草园中。

图 5－15 Kingfisher Bay Resort and Village Fraser Island 度假村

二、日新月异的绿色浪潮

1991 年，“威尔士王子商业领导论坛”创建了“国际旅馆环境倡议”机构。该机构是由 11 个世界著名的酒店管理集团组成的委员会，由英国查尔斯王子任主席。1993 年，查尔斯倡议召开了旅游环境保护国际会议，通过了这 11 个酒店管理集团签署的倡议，并出版了《饭店环境管理》一书。这次会议的召开标志着酒店业的环境管理发展到了崭新阶段，环境管理不再是一家酒店、一个集团的行为，而是全球酒店行业的行为。从此全球酒店业掀起了一股绿色浪潮。

（一）绿色饭店的发展现状

1. 绿色需求日益旺盛

随着科技的发展和工业的日益发达，人们注重经济发展，而忽略了生态平衡，人类的生存环境越来越差。近几年来，中国经历了几次大的自然灾害，普通百姓也从灾难中认识到保护环境的重要性。加之传媒技术的迅猛发展，政府和有关部门的高度重视和大力宣传，加深了消费者的绿色意识。环保、绿色已经成为影响消费者购买决策的重要因素。

2. 绿色营销空间广阔

酒店是一个高消费场所，需要耗费大量资源，并产生大量废弃物。高级星级酒店每天每间客房产生的垃圾平均达 0.75 千克，每位客人每餐产生的垃圾平均达近 1 千克。床单、被罩、浴巾、台布等棉织品往往一日一换，这不仅降低了物品的使用寿命，而且还需使用大量洗涤剂，从而造成水体污染。这些都引起了国家和政府的高度重视，在制定有关法律法规及政策时正在向这方面倾斜。因此，酒店服务业的绿色营销发展空间广阔。

3. 实施绿色管理节约成本

酒店在实施绿色管理中很重要的一项措施，就是充分利用已有的绿色技术开发、采用绿色产品。这样既能节约能源，减少环境污染，还可降低酒店成本。河南洛阳牡丹大饭店，将其 200 个客房的灯进行了更换，在减少功率的同时，灯的亮度反而增加了，灯泡的使用寿命也大大延长了，一般可以提高五六倍，灯泡的使用寿命从原来的两个月提高到一年左右，一年可节电 7 万度左右，酒店半年时间就全部收回投资。

4. 我国绿色饭店存在的问题

我国绿色饭店起步较晚、政府重视程度较弱、法制相对不健全等因素，导致绿色管理在我国酒店业中的认识比较肤浅，致使我国绿色饭店在发展中存在较多的问题。主要集中表现为：一是绿色管理的政策措施不健全；二是绿色产品尚未成为酒店的首选；三是酒店内部绿色管理意识不强；四是消费者的绿色观念不强。

（二）绿色饭店的发展趋势

社会发展的趋势决定了绿色饭店的建设是未来酒店业发展的必然趋势。绿色饭店的建设主要基于以下三个方面的因素：第一，节约成本。第二，适应社会要求。第三，赢得竞争优势。如何综合这三点因素进行绿色饭店建设，是今后研究的主要课题，其大致可以归纳为以下几点。

1. 倡导绿色设计

酒店在进行场地规划时，首先应收集尽可能大范围的宏观环境数据和信息，包括当地现有的历史和文化模式；然后要对场地内及周围的环境景观进行评价，决定其合适的用途；最后需确定最适合该用途的具体活动区域。在选择了场地后，还应计算资源利用的程度和对现有自然系统干扰的程度。酒店为了充分利用景观资源，在设计时还要充分考虑建筑朝向及功能的布局。

2. 建造绿色建筑

绿色建筑强调设计与生态相结合，尽量减少对自然界和环境的不良影响。如：合理利用太阳能；提高自然采暖质量、减少热量损耗，降低空调的能耗；无害化设计；少用玻璃幕墙，避免光污染等。

3. 实施绿色采购

绿色采购是指政府和企业经济主体一系列采购政策的制定、实施以及考虑到原料获取过程对环境的影响而建立的各种关系，其中与原料获取过程相关的行为包括供应商的选择评价。酒店实施绿色采购，能降低成本，提高资金效率，减少废弃物。

4. 推出绿色产品，提供绿色服务

推出绿色产品的主要措施有：推出绿色客房——绿色客房应符合环保和健康的要求；推出绿色食品——提供无公害、无污染、安全、优质，可绝对放心食用的食品。

提供绿色服务是指酒店提供的服务是以保护自然资源、生态环境和人类健康为宗旨的，并能满足绿色消费者需求的产品。

5. 吸引绿色消费者

绿色消费是指以可以持续地承担环境与社会责任的方式进行消费。进行绿色消费的人则称为绿色消费者。

美国迈阿密达特马里奥特酒店开展“绿色客房运动”，就是吸引绿色消费者的一个成功案例。酒店共有客房 330 间，在其中 19 个客房安装了空气和水过滤装置。虽说绿色客房比普通客房每晚增加 5 美元的费用，但客人认为完全可以接受，而且对此反响积极，绿色客房供不应求。第二年，酒店将绿色客房增加到 38 间。

建设绿色饭店，可以为酒店在市场中赢得极大竞争优势。

【任务评价】

评价内容	评价方式			评价等级
	自评	小组评议	教师评议	
1. 了解绿色饭店形成的历史背景				
2. 掌握绿色饭店（环保酒店）的概念				
3. 了解环保理念的发展趋势				
总　评				

任务二　创新——奇思妙想的绿色产品

【情境导入】

午觉醒来，小明一看时间，居然下午6点了，看来是真累了。此时不争气的肚子“咕咕”地叫了起来，正好让大伯听到了，大伯笑着说：“走，我们吃晚饭去！”关上房门，小明就径直往电梯口走去，这时大伯叫住他：“小明，等等，我们走楼梯。”“为什么？”小明很疑惑。大伯神秘地笑了笑：“跟我走，明天我们就有早餐了！”于是，小明硬着头皮从10楼走到1楼，出了楼梯门，就有一名服务员微笑着迎上来：“感谢您对环保事业做出的贡献，您可以到前台领一份早餐券！”小明高兴极了，大伯告诉他缘由：“这家酒店是很有名的绿色环保酒店，只要不坐电梯，冬天不开空调，洗澡不超过15分钟，续住不换床单被套就可以领到免费的早餐券！”小明大开眼界，拿双拖鞋要收费，只要走走路吃饭却是免费的，真有意思。

据测算，电梯从一层到二层耗电量能使家里的普通灯泡亮25个小时。人每登高1米所消耗的热量，是静坐时的10倍、走路时的5倍、跑步时的1.5倍、游泳时的1倍。

【知识预备】

一、环保行动（行业）的历史摘要

1962年美国生物学家蕾切尔·卡逊出版了一本名为《寂静的春天》的书，书中阐释了农药杀虫剂DDT对环境的污染和破坏作用。由于该书的警示，美国政府开始对剧毒杀虫剂问题进行调查，并于1970年成立了环境保护局，各州也相继通过禁止生产和使用剧毒杀虫剂的法律。由于此事，该书被认为是20世纪环境生态学的标志性起点。

1972年6月5日至16日由联合国发起，在瑞典斯德哥尔摩召开的第一届联合国人类环境会议上，提出了著名的《人类环境宣言》，这是环境保护事业正式引起世界各国政府重视的开端。中国政府也参加了这个会议。

中华人民共和国的环境保护事业也是从1972年起步的，北京市成立了官厅水库保护办公室。1973年成立了国家建委下设的环境保护办公室，后来改为由国务院直属的部级国家环境保护总局，在2008年“两会”后，环保总局升格为环保部；各省（市、区）也相继成立了环境保护局（厅），并设立环保举报热线12369和网上12369中心，接受群众举报环境污染事件。2018年3月根据《深化党和国家机构改革方案》，环保部更名为生态环境部。

政府环境保护部门的主要职责是执行各级议会（人民代表大会）制定的控制污染物排放政策，鼓励开发污染物排放控制技术，以控制污染、保护和改善环境。

二、环保行动（行业）的内容

（1）防治由生产和生活活动引起的环境污染，包括防治工业生产排放的“三废”（废水、废气、废渣）、粉尘、放射性物质以及噪声、振动、恶臭和电磁微波辐射，交通运输活动产生的有害气体、液体、噪声，海上船舶运输排出的污染物，工农业生产和人民生活使用的有毒有害化学品，城镇生活排放的烟尘、污水和垃圾等造成的污染。

（2）防止由建设和开发活动引起的环境破坏，包括防止由大型水利工程、铁路、公路干线、大型港口码头、机场和大型工业项目等工程建设对环境造成的污染和破坏，农垦和围湖造田活动、海上油田、海岸带和沼泽地的开发、森林和矿产资源的开发对环境的破坏和影响，新工业区、新城镇的设置和建设等对环境的破坏、污染和影响。

（3）保护有特殊价值的自然环境，包括对珍稀物种及其生活环境、特殊的自然发展史遗迹、地质现象、地貌景观等提供有效的保护。另外，城乡规划、控制水土流失和沙漠化、植树造林、控制人口的增长和分布、合理配置生产力等，也都属于环境保护的内容。

环境保护已成为当今世界各国政府和人民的共同行动和主要任务之一（见图 5－16）。中国把环境保护定为中国的一项基本国策，并制定和颁布了一系列环境保护的法律、法规，以保证这一基本国策的贯彻执行。

图 5－16 上海浦东张江高科技园区“不坐电梯，节能换健康”行动（《文汇报》）

【知识情境】

一、节能低碳的绿色产品

（一）酒店绿色产品的概念

绿色产品是指那些符合“绿色标志”要求的产品。绿色产品可分为两大类：一类是“绝对绿色产品”，指那些具有改进环境条件的产品，如宾馆使用的空气净化设备（除尘器、空气过滤器等），保健服务等；另一类是“相对绿色产品”，指那些可以减少对环境实际或潜在影响的产品，如绿色食品、绿色燃料等。

酒店绿色产品泛指向客人提供具有环保功能或对客人有环保教育意义的酒店产品，包括实物与服务项目。

（二）酒店绿色产品的类型

酒店绿色产品的种类很多，酒店主要出售的食宿产品主要有以下三种类型。

1. 绿色餐饮

绿色餐饮应贯彻安全、健康、环保的理念，保证食品生产与服务过程的绿色化。具体说来应有以下三方面内容：

（1）采购环节的绿色化。所谓采购环节的绿色化，即保证食品原料的安全与环保。第一，采购的货物必须有合法和安全的货源（见图 5－17）；第二，货物的数量与储备水平一定要与酒店的生产和经营规模相适应；第三，严禁把野生动物作为吸引顾客的卖点，餐饮企业应明白自身在保护野生动物方面所承担的责任和义务（见图 5－18）。

图 5－17　有机蔬菜生产大棚

图 5－18　不吃鱼翅的宣传海报

（2）生产环节的绿色化。生产环节的绿色化包括两方面的含义，即食品生产方法要确保食品的营养与卫生、生产过程要注意运用绿色技术。餐饮业由于其生产性质的特殊性，在生产过程中会消耗大量的能源，并产生大量的污染。《中华人民共和国清洁生产促进法》明确规定，餐饮、娱乐、宾馆等服务型企业，应当采用节能、节水和其他有利于环境保护的技术和设备，减少使用或者不使用浪费资源、污染环境的消费品。因此应实行清洁工艺生产，集中使用水、电、气，降低能耗，做好污水、废气和垃圾的处理工作，做到达标排放（见图 5－19）。另外，要充分结合本地能源优势，利用自然能源，如在高原地区可使用太阳能采热系统。

（3）食品服务环节的绿色化。首先，禁止使用一次性发泡餐具，2001 年国家经贸委连续下发了 2 个文件，要求生产企业和餐饮企业立即停止生产使用一次性发泡塑料餐具；其次，当用餐客人点菜时，服务员要本着“经济实惠、合理配置、减少浪费”的原则推荐食品，并尽可能介绍绿色、健康食品和饮品，在客人用餐后应主动提供“打包”服务；再次，在人们对公共卫生和健康越来越关注的时代，创造一个整洁、安静、雅致的消费环境也会成为绿色餐饮的标志。餐厅的装饰应采用环保材料，使色彩明快协调、空气清新、温

图 5－19　酒店“绿色厨房”倡导下的高科技节能电磁灶

度宜人；同时，工作人员应着装整洁大方。另外，有条件的餐厅还应推行分餐制，且服务员与食品直接接触时必须戴上一次性手套。

2. 绿色客房

（1）绿色客房的含义。绿色客房建立的根本目的是满足消费者对清洁、安全、健康、舒适的居住环境的要求，这一要求所包含的内容是非常广泛的，具体包括：用品家具是清洁、无污渍的；客房是安全的，包括客房设备安全、客房提供的仪器和饮用水安全、消防安全等；客房内空气、噪声、照明等指标是符合健康要求的；为满足上述要求而采用的设备设施、能源、原材料等都是环保型的。

（2）绿色客房的建立。绿色客房的建立是一个系统工程，对大多数酒店而言，建立绿色客房需要一个长期过程。对客房的改造是逐步进行的，主要分为以下几个步骤：

1）通过加强管理提高客房的清洁卫生标准。清洁卫生是客房的基本要求，但这一要求并不能充分得到满足。为了节约资源，酒店会降低客房棉织品的洗换要求，但这不能降低卫生要求。棉织品在洗衣房洗涤时，洗涤设备必须按照原有要求运行，不能因为节能或其他目的擅自改变设备的运行参数，达不到洗涤要求。清洗后的棉织品应妥善保管，更换时注意操作规范，避免二次污染。客房中的窗帘、地毯、床靠背、圈椅等都需要清洁，但常常由于管理不力成为清洁卫生的死角。这些地方对病原体和其他污染物的吸附能力较强，严重影响客房的卫生质量。

2）通过加强维护提高客房设备设施的运行质量。客房设备安全隐患、噪声污染等问题的解决主要依靠客房设备设施的良好维护。设备安全包括设备无漏电、漏水，不会出现爆裂、破损、坠落等现象，不会绊倒、撞到客人，客房的电子门锁系统和保险箱完好有效等。客房的噪声主要来自客房设备的运行，往往是由设备安装缺陷或运行不畅造成的。所以，客房设备的维护保养可以提高设备的运行质量。维护保养工作与酒店工程管理状况有关，使用和操作设备的员工能正确使用、精心维护设备，工程部员工有较高的保养技术水平，饭店设备的运行就比较好，反之就比较差。

3）通过实施专门化操作过程改善客房环境。为改善客房环境，许多酒店在客房内增加了绿色植物、生态角等（见图 5－20），这些室内饰物的增加对一些专门化操作过程提出了要求，如植物的养护要求等。如果没有这些专门化的操作，这些饰物不但不能增加客房

图 5－20　家庭式酒店客房内绿色生态植物的设计与养护

的舒适感，还会成为客房的污染源。

对无烟客房的管理也需要类似的专门化过程。在实际运行中，酒店并不能很好地阻止客人在禁烟客房内吸烟，但是，禁烟客房在出售前必须全面地进行清洁，去除烟味，为下一位入住客人提供良好的住宿空间。

4）根据客源市场的需求提高客房的舒适度。家具客房的选择和布置是根据酒店的客源市场进行的，而不是由酒店员工的喜好决定的。不同的客人对客房舒适度的要求不同，因此客房的布置是有差异的。床的舒适程度、室内灯光亮度、写字台的摆放、洗脸台的高度等，与客人的舒适度是密切相关的。

5）在饭店的整体改造中逐步提高客房的环保性。绿色客房在能源系统、水系统、热系统、风系统（见图 5－21）、废弃物系统、声系统、光系统、建材系统、绿化系统等方面都有相当高的要求，这些系统的改进对已经建成的饭店而言是比较困难的，可以在今后的系统改造中逐步实现。

图 5－21　虹夕诺雅酒店不用空调的“风楼”

3. 绿色倡导

绿色环保是人类共同的职责，作为一家合格的“绿色饭店”，在做好自身及周边的环保工作外，更应该通过“绿色倡导”，去引导酒店客人参与到环保中来，甚至不断地积极宣传。绿色饭店在绿色产品设计过程中建议考虑以下几个因素：

（1）绿色环保倡议书。酒店环保倡议书的主题要鲜明、简洁、精辟，任务指向性明确（见图 5－22）；倡议书样式新颖大方；最好采用环保材料制作，也可以做成电视开机画面，或做成环保卡（见图 5－23）；倡议书应放置于明显的位置（如床头柜、梳妆台等）。

（2）绿色主题活动。绿色饭店评分标准中规定：“宾馆（酒店）的绿色行动受到社会的积极赞同，顾客对饭店的综合满意率达到 80%以上。”想要在社会上享有一定的知名度，就要开展一些绿色主题的活动，充分利用酒店资源举办诸如“低碳生活”“光盘行动”等一系列的环保活动。

图 5－22　莆田逸林酒店在践行“光盘行动”

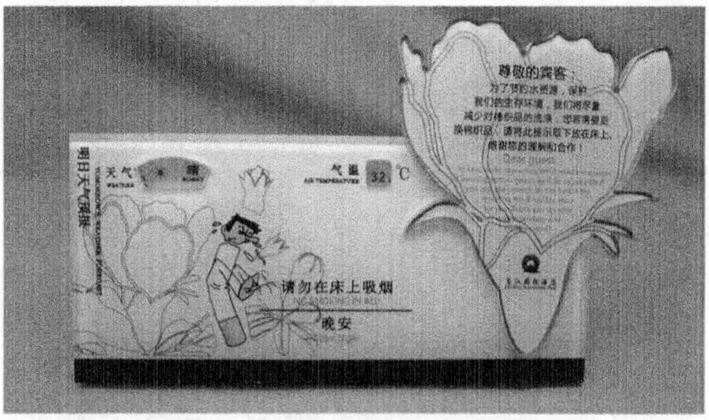

图 5－23　有天气预报的环保卡

2013 年 3 月 23 日晚上 8 点 30 分，为响应“地球一小时”，海南多家高星级酒店关闭了大部分区域的照明设备。有些酒店采取点蜡烛的方式度过了一小时。估算一下，此次活动共节约了 6 000 度电，足够一户普通家庭使用两年。在倡导环保的这一个小时中，有些酒店邀请客人在皎洁的月光下参加“带领大家走进海龟的世界”活动；有些酒店邀请客人参加泰式“河灯漂流”仪式（见图 5－24）。

图 5－24　泰式“河灯漂流”仪式

（3）绿色环保 DIY。DIY 是英文 Do It Yourself 的首字母缩写组合，又译为“自己动手做”。绿色环保 DIY，是酒店设计绿色产品让客人亲自来完成，通过客人的亲身体会实现教育意义，如情景导入中走楼梯得免费早餐的 DIY，客人自觉把垃圾分类的 DIY，自觉把脏毛巾放入布件篮的 DIY 等。当然，一个好的绿色环保 DIY 需建立在自愿的基础之上，让客人能够乐在其中。

知识链接

奇思妙想的绿色产品

1. 骑车发电就能免费用餐的酒店（见图 5－25）

位于丹麦首都哥本哈根的皇冠假日酒店，和其他地方的同类酒店不同，在这里，只要你在酒店的发电自行车上骑 15 分钟，以产生 10 瓦特小时的电力，就能获得酒店提供的价值 36 美元的餐券一张。

图 5－25　骑车发电免费用餐

2. 拥有自发电舞池的酒吧（见图 5－26）

现代社会充斥着灯红酒绿——而所谓灯红酒绿，通常就意味着大量的电力消耗。于是，伦敦的 Bar Surya 想到了一个绝妙的主意，他们在酒吧的舞池里装上压电效应地板，只要有人在上面活动，就能将压力转换成电力，进而补贴店里的能源消耗——最终效果是惊人的，这个环保噱头除了带来超量人流，还节省了 60%的电费！

图 5－26　跳舞就能发电的酒吧

3. 不需要纸和墨水的打印机

有一款名为 PrePeat 的打印机（见图 5－27），它打印不需要纸，也不需要墨水，只需要特殊的热感喷头和热感塑料纸，通过热效应在塑料纸上留下文字和图案，其打印效果据说能媲美任何一种普通打印机，而且最让人惊讶的是这塑料纸就像可擦写光盘一样可以重复擦除并打印，重复使用次数可达 1 000 次。

图 5－27　PrePeat 打印机

4. 用废水种植花草的洗手池（见图 5－28）

这是设计师 Jean-Michel Gauvreau 的一个创意，他在洗手池上开了一道水槽，并在水槽的末端设计了一个花盆，于是，日常洗手的废水会经过水槽流至花盆，给植物以水源。同时，洗手池中还有为肥皂液等准备的单独排水孔，以免这些不适合用于灌溉的液体损伤植物。

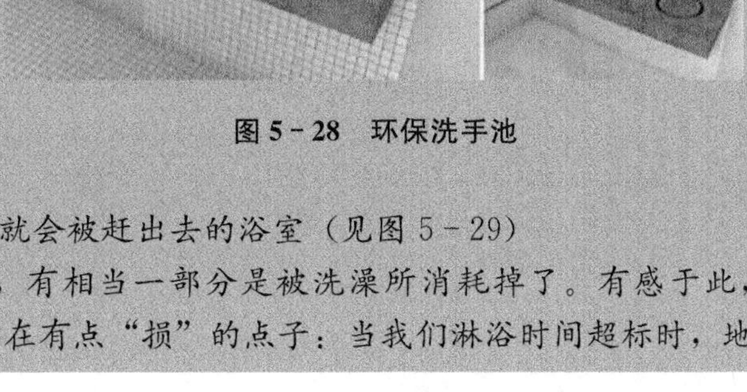

图 5－28　环保洗手池

5. 洗澡洗太久就会被赶出去的浴室（见图 5－29）

酒店客房的水，有相当一部分是被洗澡所消耗掉了。有感于此，设计师 Tommaso Colia 想出了这个实在有点“损”的点子：当我们淋浴时间超标时，地板上就会冒出许多圈圈，洗得越久，冒得越高——当你实在无法忍受这种不舒服时，只能乖乖地关掉水离开。

6. 促使人们节能的表情电灯开关（见图 5-30）

这是设计师 Tim Holley 带来的节能开关 Tio，Tio 长着一幅圆润而肉感的脸蛋，每次，当电灯刚刚打开时，Tio 的淡绿色脸庞会冲你微笑；但是，当开灯超过 4 小时时，Tio 的脸蛋会逐渐变黄，表情也越来越难看；当开灯超过 8 小时时，Tio 开始愤怒，满面通红，甚至表情极度扭曲——那是在提醒你呢，你开灯开太久了哦，应该休息了！

图 5-29 环保浴室

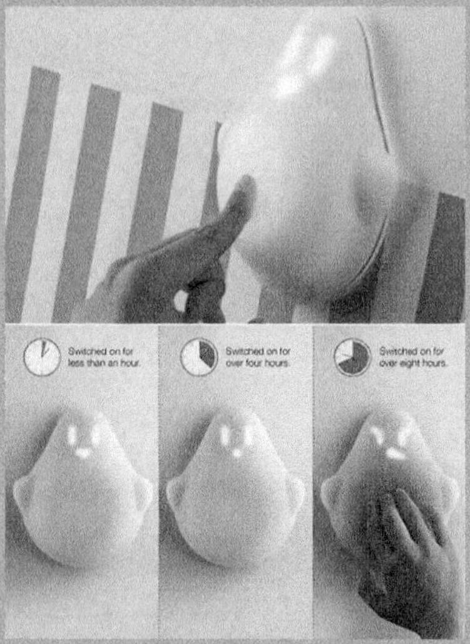

图 5-30 表情电灯开关

7. 好吃又好喝的饼干杯子

委内瑞拉的设计师与世界知名老牌咖啡 LAVAZZA 合作，将 LAVAZZA 原本使用的杯子改为饼干咖啡杯（见图 5-31），而且真的可以倒入咖啡。设计师 Enrique Luis Sardi 将这样的概念付诸实际，在杯子的内缘覆盖一层厚厚的特殊糖霜，克服了饼干缝隙的问题，让咖啡不会渗出；在咖啡倒入杯子后，杯内的糖霜会稍为溶解，如此一来也就不需要另外加糖；最酷的是在喝咖啡时，也可以开始食用杯子边缘的饼干，最后咖啡喝完后，还可以将带有微微咖啡香的杯子吃完（见图 5-32），甚至连咖啡杯中间的蓝色 LOGO 部分也可以食用。

图 5-31 饼干咖啡杯

图 5-32 喝完咖啡把杯子“吃”掉

资料来源：爱稀奇网。

二、创意贴心的绿色服务

（一）酒店绿色服务的概念

绿色服务是指有利于保护生态环境，节约资源和能源，无污、无害、无毒、有益于人类健康的服务的总称。

绿色服务强调采用绿色技术和绿色管理手段，在服务全过程中严格遵循“节约资源、降低消耗、防污治污”原则，尽可能地减少服务过程对生态环境以及人体健康的负面影响，最大限度地保护生态环境，在降低服务成本、提高经济效益的同时，满足客户的实际需求。长期以来，我国服务业大多为劳动密集型产业，习惯于粗放经营，即高投入、高消耗、低产出的经营方式。同时，我国服务业在发展绿色服务、节约能源和资源、降低消耗方面确实存在较大潜力。实际上，绿色服务具有较高的附加价值，企业可从中获得额外的“绿色利润”，因为政府为促进绿色经济发展，提供环保政策法规，保护绿色企业利益。

酒店绿色服务是指在酒店服务过程中使用环保型的设施、设备、用具，并倡导绿色消费的服务。

（二）酒店绿色服务的要点

1. 绿色餐饮服务

（1）打包服务。这个简单的服务也有技巧，有些饭店的做法很值得人们称赞。客人用餐完毕后，服务员会询问是否愿意打包；服务员打包时不会当着客人的面；打包袋是一个印着店标的精致可爱的牛皮纸袋。这样做，是不无道理的。如果积极倡导绿色消费，就应该主动询问，照顾部分客人不愿启齿的心理。当着客人的面打包就意味着当着客人的面倒剩菜，在众多目光的注视下可能会有不好的感觉。再者，客人可能不愿意拎着一个令人难堪的塑料袋去逛商场或陪伴情侣。

（2）菜肴服务。一些绿色饭店的餐厅都推出了适量点菜的服务措施，但是餐厅盛菜的盘子却没有大盘、中盘、例盘之分，服务员会提醒客人点菜时按人数来，适时提醒客人菜已经够用。同时参加会议的客人不了解会议餐吃些什么，服务员的及时提醒十分必要。

（3）存酒服务。餐厅里的存酒服务不难做到，存酒卡上印有日期、客人姓氏，但都缺少一个栏目，那就是联系电话。存酒不仅仅是为了节约，还能起到让客人再度光临、再来消费的作用。电话栏目可印在存酒牌背面，简便易行。

（4）无烟餐厅。在绿色饭店，不少餐厅设有无烟区，但在实际服务中，却形同虚设。餐厅引座员在服务中首先应主动询问客人是否需要无烟环境，然后加以引导，这能够显示出酒店的服务档次和绿色氛围，也能体现出对客人的尊重。当然好的通风设施、理想的角落、明显的提示牌是必不可少的。

2. 绿色客房服务

（1）无烟客房。国外无烟客房的烟感探头是十分灵敏的，一旦房内有人吸烟，就会立刻有服务员敲门或者打电话。国内一时难以做到这一点，但有没有其他更好的方法达到这一效果呢？有的酒店在客房茶几上放一碟薄荷糖或其他小零食，旁边再配上一段风趣的文字说明，希望能转移客人想吸烟的注意力。

（2）VIP 服务。不少饭店为显示对 VIP 客人的尊重及服务档次，送入客房的水果常常是剥皮或切片盖着保鲜膜的，但这种做法是缺乏绿色意识的。拼盘中的水果既不便于长久保存，又不卫生，更不能让人见到大自然的绿色植物。

夜床服务更是如此，摆放的物品需讲究与客房的环境相得益彰，床上东西要与沐浴、睡觉的物品有关（见图 5－33）。

图 5－33　绍兴开元名都的夜床服务设计

（3）电话服务。建立“电话有效服务”是酒店不可少的，总机服务人员不仅应有效迅速地解决问题，而且应知无不言、不厌其烦。

知识链接

中国首家碳中性酒店，把环保做得舒适有趣

位于上海静安区胶州路的 URBN 酒店，是中国首家“碳中性”酒店（见图 5－34），也是亚洲第一家“碳中性”环保酒店。这里只有 26 间客房，每个住客都要为自己在酒店内的碳排放量埋单。

URBN 酒店由胶州路上的一幢老房子改建而成（见图 5－35），它最早为中国带来了“碳中性”的概念。所谓“碳中性”，即酒店消耗的全部能量，包括员工通勤、食品和饮料递送以及客人使用的各种能量，都被记录并累积计算碳的排放量；之后，酒店将通过投资于中国的绿色能源发展和减少排放项目，以购买积分来中和碳的排放量。酒店客人也可通过购买碳积分来抵消他们飞行中的碳排放量。

但“碳中性”毕竟是看不见的，任何酒店都不可能仅以绿色环保为卖点，却不向客人提供他们所需要的服务。绿色环保宣扬“节约，克制”，这与通常人们期待在酒店得到的奢侈服务背道而驰——毕竟没有人愿意花钱去过苦日子。正如酒店经理 Wessel Kraus

图 5-34 URBN 酒店用旧木做的大门

图 5-35 旧厂房改造的酒店主体建筑

所说："酒店需要运转，我们无法做到百分百的绿色，我们一方面通过购买积分来抵消碳排放，另一方面尽力减少每个环节的能源浪费和污染。"

URBN 的独到之处，在于把环保做得舒适有趣。酒店所在的这栋四层建筑建于 1970 年，最初是一间假肢厂，后来改作邮政局，旧房新用本身就是一种环保的做法。酒店的室内设计简洁明快，使用了"回收再利用"的思路，将从上海各处回收的硬木旧地板、旧墙砖用作地面和墙面的装饰；接待前台的背景墙由 175 个旧行李箱拼接而成（见图 5-36）——这样的设计一方面顾及了环保，让原本旧的东西派上了新的用场；另一方面旧地板和旧墙砖（见图 5-37）让人感受到老上海的气息，是引人入胜的"人气"设计。

图 5-36 旧行李箱拼接成背景墙

图 5-37 利用旧地板和旧墙砖作装饰材料

彻底打破酒店"标准间"标准，做出全新的房间设计，也是 URBN 除"碳中性"之外最值得骄傲的地方。宽大低矮的双人床不是靠墙放置，而是面对自然光摆放（见图 5-38），四周留出过道。跌宕起伏的线条让空间有了层次感（见图 5-39），灯光的设计丰富柔和，开放式的浴缸与淋浴室分开，让人有轻松自如的感觉。

Boutique 原是法语里"商店"的意思，现在被广泛用在那些富有个性、讲究独特设计感、标榜度身定制贴心服务的小规模商店或酒店上。这样的酒店在欧洲已经很普遍，但在中国却还刚刚兴起。URBN 作为其中的一员，除了在设计、环保上做足功课，还努力为顾客提供个性化的服务。

图 5－38　看得见花园的房间

图 5－39　极具创意的会客休闲区域

资料来源：搜狐网，2010－04－16.

【任务评价】

评价内容	评价方式			评价等级
	自评	小组评议	教师评议	
1. 了解绿色饭店的绿色产品及服务种类				
2. 了解绿色产品的设计理念与开发要点				
总　　评				

任务三　打造——回归自然的绿色文化

【情境导入】

开学了，小明从香港旅行回来后，在香港的所见所闻令他印象深刻，他总觉得自己该做些什么。

恰巧，班主任在开学第一节课上说："新学期班级计划里有一个绿色环保为主题的班会（见图 5－40），需要大家集思广益，争取做成全校的典型班会"，同时班主任又说，"小明你是班级里的点子大王，给大伙出出主意吧！"

小明毫不犹豫地站了起来，大声说："老师，绿色环保，人人有责！不如从我们班做起，创建'班级绿色文化'！成立绿色文化创建小组，专门负责起草绿色新班规，开展以周为单位的每天一个绿色主题的活动，比如星期一，不吃有包装的零食；星期二，不用手机……星期五，一起走路回家！……"

老师与全班同学睁大了眼睛。

他们看着小明顿时有一种"士别三日"的感觉……

图 5－40　绿色主题班会

【知识预备】

一、绿色企业文化的定义

绿色企业文化是指企业及其员工在长期的生产经营实践中逐渐形成的为全体职工所认同遵循的、具有本企业特色的、对企业成长产生重要影响的、与企业节约资源、保护环境有关的看法和认识的总和。

二、绿色企业文化的内容

绿色企业文化属于“亚文化”的范畴。企业文化是一个企业在长期经营实践中所凝结起来的一种文化氛围、企业精神、经营理念，并体现在企业全体员工所共有的价值观念、道德规范和行为方式中。绿色企业文化由外层企业物质文化、中层企业制度文化、内层企业精神文化组成。

绿色企业文化的三个层次是紧密联系的。物质层是企业文化的外在表现和载体，是制度层和精神层的物质基础。制度层则约束和规范着物质层和精神层的建设，没有严格的规章制度，绿色企业文化则无从谈起。精神层是形成物质层和制度层的思想基础，是绿色企业文化的核心和基础。进行绿色企业文化建设既要重视经济效益，又要重视社会效益和生态效益，满足现代消费者追求绿色产品的要求。企业应提高产品的生态含量，树立良好的企业形象。

【知识情境】

一、酒店绿色文化的建设

（一）酒店绿色文化的概念

酒店绿色文化是随着传统酒店文化的发展和人们环保意识、健康意识的增强而出现的一种适应饭店可持续发展的酒店文化形态，以其深厚的社会责任感和内聚力发动广大职工积极参与节约资源、改善环境实践，是树立酒店绿色管理形象、实现生态化目标的重要保证。

构建酒店绿色文化，树立生态化价值观是酒店自主实施绿色管理的前提。酒店绿色文化不仅要体现在绿色管理的各个方面，而且还有助于绿色管理。

（二）酒店绿色文化的内涵

1. 树立绿色价值观

要树立酒店是经济人、社会人、生态人的统一体的绿色价值观。价值观是经营活动的指导思想，是由酒店的经营者倡导并为酒店的员工所认同的一系列理念；更是酒店为求得生存和发展，在长期的管理实践中适应市场环境的结果。企业价值观是现代酒店企业文化的核心，是酒店企业推行绿色管理的关键。只有将绿色经营理念导入酒店的核心价值观，鼓励员工把酒店的发展与生态保护及全社会的共同发展相协调，才能为酒店实施绿色管理提供坚实的精神支持，使绿色管理成为酒店员工的自觉行动。

2. 绿色文化强调顾客需求的全面性

为实现生态、经济和社会的可持续发展，企业的可持续经营，人类生活质量的全面提高，酒店经营活动必须全面关注消费者需求，包括对健康、安全、无害的产品需求，对美好生存环境的需求，对安全、无害的生产和消费方式的需求，对和谐的人与人关系的需求。绿色酒店在从事经营活动时不仅要发现需求、满足需求，而且要引导需求，积极主动地引导消费者进行合理消费，树立新的伦理观、价值观，避免不合理需求引发的不合理的生产和消费方式、自然资源的浪费和损耗、生态环境的恶化以及人与自然的对立、人与人的不和谐等。

3. 绿色文化要求重建竞争观念

地球的整体性、自然资源的有限性和相互依存性，把人类连在一起，人类只有采取联合行动，才能在全球范围内实现可持续发展。从企业经营活动角度看，经济的全球化使得许多企业在全球范围内建立供应链，供应链的某一环节（某一国家）出现问题，整个供应链就会出现问题甚至停止运转，从而影响生产和消费。某些大的环境问题的解决和环保项目的投资需要许多企业形成战略联盟才能解决，特别是有些跨越国界的环境问题，要求企业从全球视角进行绿色管理。因此，生态系统的整体性和相互依存性，把整个企业的命运连在一起，酒店之间（特别是区域内的酒店）除了竞争，还有合作。所有酒店（包括关联企业）都是经济体系的命运共同体，更是整个生态系统的命运共同体。只注重短期利益、局部利益不可能永续经营，百年不衰。

4. 强调酒店对环境和社会的责任

绿色文化强调酒店对环境和社会的责任。环境是人类的需要之一。随着社会的发展，改善人类生存环境、提高健康水平成为人类关注的共同话题。酒店要正视环境问题，关注人类对环境质量的需求，将其贯彻到酒店的整个经营活动中。绿色文化要求酒店将供应链扩展到消费者：一是要生产安全、健康、无害的产品；二是消费过程和消费之后对环境不造成影响。只有把短期利益和长远利益、局部利益和全局利益统一起来，企业才会实现持续发展。

5. 以绿色为标志塑造酒店新形象

酒店形象的塑造具有一定的选择性：有的酒店以质量过硬为特色；有的酒店以优质服务为特色；有的酒店以成本领先、价格低廉为特色；有的酒店以引入高新技术、不断创新为特色；等等。酒店绿色文化的内涵是以绿色作为最佳的酒店形象，使之成为高素质酒店的象征，从而使酒店获得竞争优势。

（三）建设酒店绿色文化的作用

1. 绿色战略拓宽酒店的发展前景

通过实施绿色战略，酒店可以从总体和长远上考虑成长目标，明确发展方向，制定稳定、持续的战略措施，有效避免短期行为，协调利用政策、资源、环境等各种有利条件，保证酒店中长期发展的后劲。

2. 绿色组织增强酒店的执行力

通过打造绿色组织结构，酒店可以更好地整合职能部门和人力资源，使绿色意识固化为组织习惯；通过减少高能耗、高污染的环节，增强规划、生产、设计、质检等工作的环保意识，使酒店形成绿色、高效的管理网络。而优化高效的管理网络，会增强企业的执行力。

3. 绿色研发提高技术创新能力

绿色设计包括材料选购、生产工艺设计、使用废弃物、处理污染等内容，即进行产品的全寿命周期设计，目的是从根本上防止污染、节约资源和能源。在设计过程中需考虑产品及工艺对环境产生的副作用，并将其控制在最小范围内或最终消除。而这一过程，必然会提高酒店对技术研发创新的能力。

4. 绿色生产降低污染成本

清洁生产是绿色战略、绿色管理的重点。这一环节要求：产品原材料的选择应尽可能不破坏生态环境；选用可再生原料或利用废弃材料；工艺技术与设备使用清洁能源和原料；在采购过程中减少对环境的破坏。

5. 绿色营销节约营销费用

绿色营销是酒店绿色管理的一种综合表现，是一个复杂的系统工程，包括绿色产品、绿色价格、绿色渠道、绿色促销等。通过绿色营销，可以引导社会发展绿色消费，减少消费过程对生态的破坏，增强酒店的社会责任感。

6. 绿色投资创造新的机遇

酒店在预期回报相近的条件下，应优先选择绿色投资项目，特别是新兴领域的绿色项目。这样，既可以获得国家的政策支持，又可以使项目得到持久稳定的回报，为酒店的长远发展创造条件。

（四）建设酒店绿色文化的对策

要实现酒店绿色文化，必须使酒店的利益和员工的利益达成平衡，使酒店的利益和顾客的满意达成一致。酒店要不断向员工宣传绿色管理理念和生态价值观，鼓励员工的环保行为；要加大绿色管理的投入；要靠持之以恒的宣传与教育，从而使绿色文化渗透到酒店的一切活动之中，成为推动酒店可持续发展的强大动力。

建设绿色酒店文化是酒店创造性的管理活动，从大量的酒店实践来看，建设酒店绿色文化应从以下几方面着手。

1. 绿色文化精神层建设

绿色酒店文化应体现在最高目标、酒店精神、酒店风气、酒店道德和酒店宗旨等方面。

（1）酒店领导层的观念意识要“绿”化。发挥酒店经营者的主导作用，用企业家精神带动绿色酒店文化的建设。酒店领导应积极倡导，身体力行，建设酒店绿色文化。

作为一个现代酒店管理者，首先，要具备可持续发展的长远观念，将保护环境作为酒店的基本任务，促进生态与经济的协调发展；其次，要树立资源价值观，将“环境”纳入资源范畴，并把环境恶化带来的损失及环境治理带来的费用纳入成本；再次，树立环境法制观念，研究环保法规，自觉以有关法规约束酒店的运营行为；最后，树立环境道德观，应以高度的社会责任感，积极投入保护环境、促进生态发展的事业中去。

（2）坚持以职工为主体，发挥群众的首创精神。首先，要进行绿色知识的培训，提高全体员工的环保意识及担负相应环境职责的能力。培训工作是成功创建绿色酒店文化的关键因素之一。其次，要开展绿色宣传教育，采取群众喜闻乐见的宣传教育形式，使职工的绿色意识不断增强。最后，要通过一些典型事例促进职工观念的转变，让职工真正看到推行绿色文化取得的收益。

2. 绿色文化制度层建设

（1）建立绿色企业文化建设的职能部门。企业文化建设需要投入一定的资源，如人力、物力、财力、技术等，但产生的效益不是那么直接和迅捷，因此在绿色酒店文化建设初期应组建一个专门的工作班子，负责酒店文化的建设及未来的专业工作。

工作班子的成员应具备一定的环境科学、管理科学和工艺技术的知识和能力，最好由不同部门且对组织有较深了解的人员组成。酒店的绿色职能部门应成为酒店的监察机构，具有一定的权威性。一方面，能够对企业的决策具有较大的影响力，以保证环境保护对企业决策的重要性；另一方面，能够与酒店各个部门保持信息沟通，对各个部门的工作起到监督作用，以杜绝破坏环境的行为。

（2）进行初始环境评审和规划。初始环境评审是建立规章制度的基础。具体的步骤是：第一，调查酒店的环境状况。了解酒店所在地的生态环境状况，弄清酒店的污染源、排污种类及途径；把握酒店内部各个方面对资源、能源的不合理使用及造成的浪费和流失情况。第二，评价酒店的环境质量。在调查的基础上对酒店的污染源及污染程度、资源及能源的消耗程度与相应标准进行比较分析，做出评价。第三，提出酒店的绿色管理目标。参照国际、国家、行业和地方的有关法规和标准，提出量化的降低能耗的具体目标。第四，制订绿色管理的战略措施和酒店的年度绿色计划。制订出具体的行动方案，有计划、有步骤地调整酒店的业务范围，在“绿化”现有业务的同时，逐步淘汰一些高污染、高能耗的“夕阳业务”，发展新兴的“绿色业务”。

（3）编制系统性的规章制度。绿色文化规章制度的编制工作是一项非常重要且技术性较强的工作，它要结合组织的特点，充分考虑组织的环境状况、现有机构和其他资源状况。具体的绿色规章制度应包括环境管理规则、专业技术规程、绿色业务管理制度、环境保护责任制度。

（4）绿色规章制度的运行及评审。绿色规章制度与一般规章制度的区别是，它是将绿色价值观念融入酒店的生产、人事、营销和财务工作的各种规章制度中，形成一套系统化、文件化的管理制度和方法。这些成文的制度与约定及不成文的酒店规范和习惯，对酒店员工行为起着约束作用，保证酒店的整个绿色管理工作能够分工协作、井然有序、高效运转，并能找出问题的根源，及时进行纠正。

3. 绿色文化物质层建设

（1）环境信息公开。酒店通过将其环境信息公布于众，使广大职工对酒店的环境状况和奋斗目标心中有数；使消费者、社区居民、利益相关者、社会公众了解酒店的资源和环境管理情况，理解酒店的绿色文化，便于社会监督。反馈的批评、建议等信息，是推进绿色文化建设的重要依据。环境信息公开有利于树立良好的企业形象，也是一个酒店负责任的表现。

（2）构建绿色企业形象识别系统。这一系统应包括理念识别系统、行为识别系统、视觉传播系统。绿色酒店文化的物质层包括：酒店名称、标志、标准字、标准色；酒店外貌（装修风格、建筑材料等）；酒店产品的特色、样式、外观和包装；绿色环保设备的特性；酒店的文化传播网络等，而所有这些工作均需要 CI 系统来解决，即完整的酒店绿色形象识别系统。如 2010 年年初，“绿色标志”（见图 5－41）出现在贝斯特韦斯特（Best Western）的官网上。这个新功能可以帮助客人查询到贝斯特韦斯特国际酒店集团旗下的绿色环保型酒店。

图 5－41　绿色标志

二、酒店绿色营销的探讨

（一）绿色营销的内涵

绿色营销是指酒店在充分满足消费需求、争取适度利润和发展水平的同时，注重生态平衡，减少环境污染，保护和节约自然资源，维护人类社会长远利益及长久发展，将环境保护视为酒店生存与发展的条件和机会的一种新型营销观念和活动。绿色营销具有绿色性、外部经济性、系统性和累积性等特点，生态环境友好和社会环境友好是绿色营销的本质特征。

（二）酒店开展绿色营销策略分析

1. 开发和提供饭店绿色产品

酒店应认清目前绿色消费趋势，积极开发和提供绿色产品。酒店在客房中应选取无污染、低能耗的绿色装饰材料；在不降低饭店设施和服务标准的前提下把一次性消耗品换为反复使用或者调剂使用的物品；绿色餐厅应向顾客提供无公害、无污染、安全、新鲜的蔬菜瓜果和肉类食品，烹饪时用天然色素而非化学合成剂；服务员在客人点餐时要提醒客人点菜不要过量，提倡将剩菜等打包带走。

2. 加强绿色沟通和宣传

虽然部分消费者有绿色消费意识，但仍有许多消费者绿色消费意识淡薄，酒店应加强对绿色营销的宣传，把环保的一些理念贯穿于饭店的活动中。在满足消费者需求的同时对其行为加以引导，如客人在订房时多宣传饭店无烟客房的特点和优越性，对客人点餐时的铺张浪费适当加以劝说等。同时在饭店内部对员工进行绿色营销的宣传，形成所有员工都支持并参与的酒店文化，以加强饭店服务人员的绿色服务意识。

3. 制定长期战略规划

绿色营销是一个长期的过程，且在前期需要投入大量的人力、物力、财力，而收益在后期才会有所表现。饭店要认清绿色营销的巨大市场潜力和良好前景，制定一个长期的绿色营销战略规划，使资源得到合理的规划和配置。

4. 利用政府力量宣传绿色营销，加强消费者绿色消费意识

为使绿色营销得到更好的发展，政府应充分利用各种有效的宣传渠道和手段，积极传播环境保护和绿色消费知识，通过公益广告或社会公益活动树立绿色消费的典型，培养消费者绿色消费光荣的观念。另外，政府不仅要关心饭店的利润水平，更要鼓励和引导饭店节约资源，保护环境。

5. 尽快出台相关政策和标准，加强绿色品牌管理

政府和相关部门要完善环保法律法规。对假冒伪劣产品，要追究制假者的责任，为社会提供一个有序的绿色营销环境。政府和有关部门也应调整考核绩效标准，将生态绩效和社会绩效纳入绩效评估体系，调动地方政府和饭店的积极性和创造潜能，形成社会、生态、饭店可持续发展的氛围。

知识链接

全球七大绿色酒店的绿色文化经营

1. 澳大利亚 Paperbark Camp 酒店（见图 5-42）

绿色主题——海湾：灌木丛中的帐篷酒店。

绿色文化经营——在悉尼南海岸的 Jervis 海湾，白色沙滩和明澈剔透的海水成为深潜和浮潜爱好者的朝圣地，在这些高耸挺拔的桉树林中隐匿着一座五星级帐篷酒店。酒店由十二个巨型帐篷组成，建立之初就充分考虑对自然环境、花草植被和鸟类生物的保护。所有的帐篷悬挂于树木之间，既最小化了土木工程对地貌的影响，又充分利用了海风通风。酒店对所在地灌木的保护完全顺其自然，旱灾时任其枯萎，雨季时又任其重生。汽车必须停放在周边指定的停车点内，客人经由标识出的专门路径绕过原始的灌木丛进入驻地。驻地内部的移动全部由环保电瓶车代劳，排泄的污物和废水则通过压缩泵抽入专门的渠道进行统一处理。除了传统的海上运动之外，逗留在 Paperbark Camp 的游客可以在初夏和深秋季节看到北游的鲸鱼（见图 5-43）；可以俯瞰着风光旖旎的海湾美景打高尔夫球；可以品啜邻近酒庄声誉日隆的新世界葡萄酒。同时，豪华帐篷中的住客可以在绿色环抱的私密阳台上享受露天洗浴，浸泡在温暖的热水中，倾听海风吹过灌木的瑟瑟声，可以揽书阅读或做个按摩。

图 5-42　Paperbark Camp 酒店客房

图 5-43　北游的鲸鱼

绿色指数：★★★★★　人文指数：★★★★☆　时尚指数：★★★★★　价格指数：★★★★★

2. 肯尼亚 Campi Ya Kanzi 酒店（见图 5-44）

绿色主题——野生动物园：未开采宝藏之营。

绿色文化经营——Campi Ya Kanzi 意为“未开采宝藏之营”，位于南肯尼亚乞力马扎罗山脚马赛人占地 400 平方英里的聚居地牧场上。这是一对意大利夫妇于 1996 年创意，并作为马赛部族扶助计划开展的项目。酒店虽然由夫妇两人打理，但是所有权归马赛人（见图 5-45）。营地的房屋全部采用当地的熔岩石和枯草建造而成，利用太阳能进行发电和烧水，并用环保煤炭进行供热。为了减少游客对当地环境的污染，每次接待的游客人数控制在 16 人以下，而且每位游客每天必须支付 70 美元环境维护费。它所取得的杰出业绩为 Campi Ya Kanzi 赢得了各种荣誉，为此与它相关的马赛人基金会还经常得到好莱坞名流们的慷慨解囊。

图 5-44　Campi Ya Kanzi 酒店

图 5-45　当地的马赛人

绿色指数：★★★★★　人文指数：★★★★★　时尚指数：★★★★★　价格指数：★★★★★

3. 多米尼加 Jungle Bay Resort & Spa 酒店（见图 5-46）

绿色主题——森林：将绿色进行到底。

绿色文化经营——Jungle Bay Resort & Spa 酒店由依傍在树下的三十五间悬空“吊脚

楼”组成，所有建筑的原料选用二次利用的木材和采石场的废弃石料，家具由当地工人用当地百分百天然材料打制。建筑设计时，就已经考虑到对自然风能和光线最大限度的利用；如今酒店正在实施通过安装现代风车，将利用风力发电的能量转换计划。餐厅提供的有机食物95%由本地出产，以避免进口或远途运输引起的不必要的包装浪费，也保证了食物无农药和无化学品的污染（见图5-47）。流经酒店的温泉水被酒店蓄积起来，通过重力作用分布到酒店不同的单位。此外，Jungle Bay Resort & Spa还资助当地多米尼加东南部的居民学习一些职业技能，以备当地的香蕉产业出现危机时可以拥有其他的谋生技能。2006年1月，酒店还创立了东南部私营者贷款基金，鼓励私营者投资有机食品生产、本土艺术及手工艺业、本土文化导游等领域。

图5-46 Jungle Bay Resort & Spa酒店

图5-47 酒店提供的纯天然食品

绿色指数：★★★★★ 人文指数：★★★★☆ 时尚指数：★★★★☆ 价格指数：★★★★☆

4. 厄瓜多尔The Black Sheep Inn酒店（见图5-48）

绿色主题——山峦：绿色乌托邦。

绿色文化经营——两位和平主义者Andres Hammerman和Michelle Kirby怀着“成为环境保护和生态旅游先锋，永远超越预想”的信念，在安第斯山脉创建了自己心目中的“理想乌托邦”。他们通过自己的研究和探索建立起来的“肥料厕所”和“零浪费”模式如今已声名远播，并广受赞誉。肥料厕所不用水，而是用煤炭。煤炭与排泄物一起发酵后成为滋养自留地的鲜花和蔬菜的有机肥料（见图5-49），使旅店各处绿树如荫、鲜花如织。旅店基本只使用散装和可再利用包装的用品，并对纸张、纸板、玻璃瓶、塑料桶、厨房垃圾、水和排泄物等采取就地回收利用，每人每天制造的不可就地回收的垃圾仅为1盎司。这1盎司垃圾也会交由旅店资助的回收中心进行进一步的利用。除了骑马和自行车越野以外，旅店附近的多条远足线路都曾被众多旅游杂志强力推荐，历时从半小时到一整天不等。路线跨越2 500～3 800米海拔，可领略到山中多种不同微观气候的瞬息变化。路线的主题或是参观当地奶酪工厂，或是欣赏Rio Toachi峡谷的美景，或是赞叹前印加文化废墟的奇观，或是漫步雨雾森林。

图 5-48 The Black Sheep Inn 酒店

图 5-49 酒店用有机肥料种植的花草

绿色指数：★★★★★ 人文指数：★★★★☆ 时尚指数：★★★☆☆ 价格指数：★★☆☆☆

5. 法国 Orion B&B 酒店（见图 5-50）

绿色主题——丛林：天空中的城堡。

绿色文化经营——相信每个人的童年都曾梦想有一间悬挂在树上的小屋，聆听虫鸟燕雀婉转的啾鸣，仰望夜空璀璨星辰。Orion B&B 酒店隐于法国南部蓝色海岸丛林中的树屋群，是建筑师们根据每棵树不同的形状和造型，在树上搭建起来的小屋。小屋全部使用木材建成，有冬暖夏凉的功效。树屋毗邻着一座自然保护区，被杉树、柏树、橄榄树和棕榈树所环绕。树屋下的仿自然生态建造的人工湖泊（见图 5-51），通过石头、水草和菌类对水进行过滤净化，完全不含氯盐等化学原料。闲时还可以到徒步可达的 Saint-Paul de Vence 一游。这座独具南法风情的历史古城，保存有 14 世纪风貌的建筑遗迹，玻璃、珠宝、制陶等世家的手工艺流传至今，同时它又吸引了众多法国当代艺术家们聚居于此，被誉为“法国当代艺术的摇篮”。当你不经意地进入一间街角的画廊或工作室时，或许就邂逅了抽象派大师或能工巧匠。

图 5-50 Orion B&B 酒店的树屋

图 5-51 酒店的生态人工湖

绿色指数：★★★★★ 人文指数：★★★★☆ 时尚指数：★★★★★ 价格指数：★★★★☆

6. 英国 Penrhos 酒店（见图 5-52）

绿色主题——乡村：把有机食品进行到底。

绿色文化经营——建于 1280 年爱德华一世时期的 Penrhos 酒店，几百年来一直作为一家农场屹立于赫里福郡与威尔士的交界线上。今天这家农场旅店以提供全方位的有机食物而闻名于世，这里产肉的牛、羊、猪和产蛋的鸡、鸭等都是用天然饲料喂养的，而蔬菜也绝对不用化学肥料来施肥，就连每天供应的面包也是面包师按照传统工艺，使用有机面粉和野生酵母经过慢速发酵过程烘焙出来的，比起一般超市中以廉价面粉和人工酵母为原料，通过快速发酵和快速烘焙烤制出来的品种，多富含了 50%的镁和 46%的锌。

Penrhos 于 2002 年获得了英国首屈一指的有机食物推广及认证机构 Soil Association 的认可，这并非偶然，旅店的主厨 Daphne Lambert 是一位有机食物拥护者和经验丰富的营养师。她在旅店开设了"绿色烹饪"课程，在倡导有机食物理念的同时，教授如何用有机食物烹饪出美味可口的菜肴（见图 5-53），颠覆了人们一般所认为的有机食物营养却不好吃的观念。

图 5-52 Penrhos 酒店

图 5-53 "绿色烹饪"的有机食品

Penrhos 还拥有附属的有机及环保产品商店，除了出售有机食物以外，游客还可以在这里买到旅店自家所使用的一切环保用品，如床单、床罩、杯碟、家具、洗浴产品、花种草种、木制工艺品等，并且还提供邮寄服务。

绿色指数：★★★★★ 人文指数：★★★☆☆ 时尚指数：★★★☆☆ 价格指数：★★★☆☆

7. 阿联酋 Al Maha Desert Resort and Spa 酒店（见图 5-54）

绿色主题——沙漠：与野生动物同居。

绿色文化经营——迪拜，这座在沙漠中拔地而起的都市，以奢华的姿态成为家喻户晓的时尚目的地。Al Maha Desert Resort and Spa 距离迪拜 45 分钟的车程，是世界领先的绿色酒店之一，建造于方圆 225 平方公里原始沙漠的绿洲之上，也是世界上唯一一家建造于沙漠野生保护区内的酒店。1999 年，它在所属的 Al Maha 保护区施行了广泛的育种和保护动物计划，获得了 2004 年世界环境保护奖项。它所提供给游客的奇特地貌和自然景观是无与伦比的，同时它所开发的生态旅游项目也令人叹为观止。游客可以参加包括逐鹰、骑马（见图5-55）、赛骆驼和射箭在内的沙漠传统竞技，在向导的指引下一边欣赏阿拉伯沙漠无人地带的美景，一边追逐着当年劳伦斯王子统率千军、英勇骁战的踪迹；沙地滑雪和四轮自行车越野也是不容错过的精彩项目。好静的朋友可以远足到Hajar山的山巅，俯瞰干涸的河床；或拜访200年历史之久的Hatta古镇，参观传统的灌溉系统和古老的防御工事；或者瞻仰古代统治者的陵墓。晚上在一望无际的苍穹下，身处浩瀚的红色沙丘之中享用烛光晚餐，披着星光，遥望升腾的雾气中跃过的一只只轻盈的羚羊，或一匹憨厚的斑马，抑或一头矫捷的黑豹。不要怀疑，那绝对不是海市蜃楼！

图5-54 Al Maha Desert Resort and Spa酒店

图5-55 骑马游沙漠

绿色指数：★★★★☆ 人文指数：★★★★☆ 时尚指数：★★★★★ 价格指数：★★★★★★

资料来源：YOKA时尚网。

【任务评价】

评价内容	评价方式			评价等级
	自评	小组评议	教师评议	
1. 了解酒店绿色文化建设与营销				
2. 了解本地酒店的绿色文化建设情况				
3. 能设计有创新意义的绿色产品及营销方案				
总　评				

【拓展与练习】

一、拓展任务

拓展任务1——绿色环保，先做一天。

组织一次绿色行动，约定好时间，在这一天内规定三件不能做的事：一是不用手机；二是不用塑料袋（包括食品包装袋）；三是不用一次性筷子。同学之间相互监督，相互制约，看看谁能坚持最久。第二天，交流体会，通过此任务体验环保任务的任重道远。

拓展任务 2——我有一个“绿”点子。

利用课余时间，调研本地区有哪些绿色酒店（餐厅），分别挂着哪些绿色牌匾，以图片为证，然后以小组为单位根据任务二和任务三的内容，为本地的绿色酒店（餐厅）出一个以绿色产品为主题的“绿”点子，要求有较为详细的设计方案——结合本地可利用的资源，点子要有创意，产品要有实用性，可以用 PPT 进行阐述。

二、思考与练习

1. 绿色饭店的含义是什么？
2. 绿色饭店的核心是什么？
3. 创建绿色饭店的意义是什么？
4. 绿色企业文化的内涵是什么？
5. 怎样建设酒店绿色文化？
6. 建设酒店绿色文化的作用是什么？
7. 假如一家酒店准备推出一个绿色项目——从酒店到本地某公园来回骑行可换取酒店自助餐 5 折优惠券。请你结合绿色营销的方法与特点，帮酒店设计绿色推销方案。

【项目小结】

本项目以酒店绿色产品为主线，结合国内外优秀绿色饭店案例，阐述了绿色饭店的发展，以改造观念、创造产品、打造文化的任务形式来介绍绿色饭店建设的步骤与要点。通过本项目的学习，可以进一步了解未来酒店业的发展趋势与酒店文化的创建目标。

参考文献

[1] 李建蓉．基于 SWOT 分析的绿色营销策略研究．企业活力，2008（3）．
[2] 王桂英，李忠宝．我国饭店实施绿色营销存在的问题及对策．江苏商论，2008（1）．
[3] 赵志磊，李华．饭店文化．北京：北京工业大学出版社，2006．
[4] 徐萍．饭店文化．北京：中国铁道出版社，2010．
[5] 陈乾康．饭店文化概论．北京：中国人民大学出版社，2007．
[6] 李若凝．饭店管理．北京：机械工业出版社，2012．
[7] 张斌，王伟．中国金钥匙服务哲学．北京：五洲传播出版社，2017．

图书在版编目（CIP）数据

酒店文化/俞健宁主编．—2 版．—北京：中国人民大学出版社，2019.7
21 世纪职业教育规划教材
ISBN 978-7-300-27084-5

Ⅰ.①酒… Ⅱ.①俞… Ⅲ.①饭店-企业文化-职业教育-教材 Ⅳ.①F719.3

中国版本图书馆 CIP 数据核字（2019）第 139278 号

21 世纪职业教育规划教材
酒店文化（第二版）
主　编　俞健宁
副主编　吴　峥　郑昭彦
Jiudian Wenhua

出版发行	中国人民大学出版社		
社　　址	北京中关村大街 31 号	**邮政编码**	100080
电　　话	010－62511242（总编室）		010－62511770（质管部）
	010－82501766（邮购部）		010－62514148（门市部）
	010－62515195（发行公司）		010－62515275（盗版举报）
网　　址	http://www.crup.com.cn		
经　　销	新华书店		
印　　刷	固安县铭成印刷有限公司	**版　　次**	2014 年 10 月第 1 版
开　　本	787 mm×1092 mm　1/16		2019 年 7 月第 2 版
印　　张	12.75	**印　　次**	2025 年 8 月第 5 次印刷
字　　数	293 000	**定　　价**	32.00 元